JN411118

2019 신출간

풀잎을 스쳐온 바람

풀잎을 스쳐온 바람

초판 1쇄 인쇄 2019년 8월 2일
초판 1쇄 발행 2019년 8월 8일

신고번호 제313-2010-376호
등록번호 105-91-58839

발행처 보민출판사
발행인 김국환
편집 정은희
지은이 주세훈
디자인 김민정

주소 인천시 서구 불로동 769-4번지 306호
전화 070-8615-7449
사이트 www.bominbook.com

ISBN 978-89-97159-03-1 03800
CIP 2019025627

* 파본은 구입하신 서점에서 교환해드립니다.

2019 신출간

풀잎을 스쳐온 바람

주세훈 회고시집(回顧詩集)

시인의 말

나는 80년대 초에서부터 고등학교에서 학생들의 문학동아리를 지도하면서 한편으로 문학 동인들과 함께 작품 활동을 하였다. 그러던 중 1991년부터는 현대문학에 〈등꽃 아래서〉, 〈왕방산을 보며〉, 〈바다추억〉, 〈그해 시월〉, 〈역기를 들며〉, 〈풍뎅이〉 등의 발표를 계기로 사실상의 문단 활동을 시작하였다.

시단에 오르면서, 시란 무엇인가? 시는 왜 쓰며 누구를 위해 쓰는 것인가를 생각하기도 했으며 80년대 이른 바, 민중시가 양산되는 풍토에서 나는, 시인이란 예술가인가 정치인인가, 또는 민중의 선동자인가 지도자인가 궁금해 하기도 하고 혼란스러워 하기도 하였다.

지금 생각하면 다 부질없는 것이었다.

시를 쓰는 이유는, 인간 본연의 표현 욕구 때문일 것으로 생각한다. 사람들이 자유롭게 취미 생활이나 여가 활동을 하듯, 시 쓰기도 누구를 위해서 또는 무엇을 위해서가 아닌, 내 스스로의 내면을 드러내고자 하는 욕구에 다름 아닐 것이다. 이 표현 욕구가 고도의 세련된 표현 방법을 추구하며 가급적 압축적이고 밀도 있는 언어적 표현 방식으로 쓰여지는 것이 시 장르가 아니겠는가?

살다보니 나도 어언 '고희(古稀)'가 되었다. 벌써 고희? 실감이 나지 않는다. 나이에 의미를 두고 싶지도 않다. 그러나 나이는 나이인 것, 이쯤 되면 시간적으로 인생의 결말부에 해당되는 것이니 살아왔던 과정에 대한 회고 또한 필요하지 않겠나 싶다. 이 시집을 묶으면서 많은 부분, 회고록을 쓰듯, 지나온 생애를 반추하는 내용을 많이 집어넣었다. 지난 날을 이야기하는 것은 신선하지도 않고 무언가 고리타분하다고 여기는 경향도 있다. 그러나 과거와 현재 그리고 미래는 한 줄기의 강물처럼 늘 흘러가는 연속체일 뿐이다. 면면히 이어온 한 나라의 역사가 중요한 것처럼 개인에게는 개인이 겪어온 희로애락의 절절한 인생사가 있는 바, 살아온 날이 지났다 하여 이것을 정신적 영역에서 지워버릴 수 있겠는가? 나에게 행복했던 사건이 과거에 있었다면 나는 유적을 복원하듯 이 행복을 오늘에 다시 일으켜 세우고 싶다. 사람들이 일상생활을 통하여 추구하는 모든 활동이 인생의 행복을 위한 것이라고 전제할 때, 빛이 나고 행복했던 과거의 어떤 일들을 드러내고 반추하여 행복감이 살아나고 그것들이 시가 되어 자신을 행복하게 하고 독자에게 공감의 미소라도 띄게 한다면, 지난 일들을 되살려 쓴 시들도 존재 의미는 충분한 것 아닐까?

나는 인생의 대부분을 교직에서 살아왔다. 살아온 과정은 간난신고(艱難辛苦)의 세월이었지만 다행히도 내가 평생을 살아온 교직의 대단원은 해피엔딩이었다.

나는 뿌듯하고 보람 있게 그리고 매우 행복하게 고등학교 교장직을 끝으로 교단에서 정년퇴임을 하였다. 나에게 교장시절의 추억은 언제나 자랑스럽고 흐뭇하다. 퇴임 8년이 지나가고 있건만 퇴임 직후부터 지금까지 거의 매주, 주일마다 수차례, 교단 시절의 꿈을 꾼다. 이것은 나의 교단 시절, 특히 교장 시절과 관련하여 나의 직에 대한 절절한 사랑과 애탐이 잠재의식의 용광로 속에서 아직 들끓고 있기 때문일 것이다.

이 시집에서는 교직 생활의 이야기를 많이 수록한다. 워낙 살아온 바탕이 교직이어서인가, 오늘날에도 시를 쓴다 싶으면 나의 의식을 지배하고 있는 교단의 세월이 자연스럽게 시로 응출(應出)됨은 어찌할 수 없다.

내가 교장으로 부임한 학교는 대도시의 신설학교였다. 고교 입시 경쟁으로 학생을 선발하던 그 시절이었다. 부임하고 보니 본교는 학력 수준이 최하위였다. 경쟁 선발에서 어느 학교에도 들어갈 수 없었던 최저 학력의 학생들이 당연히 신설학교인 본교 신입생으로 편성되어 있었던 것이다. 착하고 예쁜 학생들이 단지 학력이 낮다는 이유로, 대부분 학생은 물론 그들의 부모마저 자신감이 없어 보였고 심지어 열등의식과 패배 의식에 빠져 있는 듯한 경우도 많았다.

나는 무엇보다도 이들에게 자신감을 넣어주지 않으면 아무것도 이룰 수가 없음을 직감하였다. 입학식에서, 그리고 학부모회의 자리에서 나는 교장으로서 단호한 결심을 말하였다.

"나는 우리 학교 아이들의 일생을 책임질 수 없지만 우리 학생들이 졸업식 후 교문을 당당하게 나설 수 있도록 3년의 인생은 책임지겠다. 또한 나의 재임기간, 본교를 반드시 명문교로 만들겠다"고. 학생들과 학부모들은 기대감 넘치는 눈빛으로, 공약을 걸 듯 자신 있게 포부를 말하는 교장에게 우뢰와 같은 박수를 쳐주었다.

교육에 공허한 이론이 필요 없다. 좋은 교육은 교육 이론으로 이루어지는 것이 아니다. 고등학교, 즉 실업계 고등학교의 경우, 취업을 잘 시켜야 하고 일반계 고등학교는 학생들이 원하는 좋은 대학에 진학을 많이 시키는 것이다. 학생의 장래를 열어주는 것보다 훌륭한 교육이 있겠는가? 물론 인간 교육이니, 인성 교육이니, 창의성 교육이니 하는 것은 기본으로 전제하고 하는 말이다.

나는 교장실에 "창의력 신장 교육으로 본교의 명문화 실현"이라는 표어를 걸어놓고 입학식과 동시에 학생들의 학력과 창의력 신장을 위한 과업 성취를 위해 교장인 내가 앞장서서 뛰기 시작하였다.

당시의 대학입시 제도는 고등학교로 하여금 학생들의 창의력과 개성 신장 등 학생의 종합적 성장 발달을 도모할 수 있는 비교적 바람직한 제도였다. 학생들은 학력과 특기적성, 동아리 활동과 봉사 활동을 망라한 학교생활 전반의 종합적 산출물을 가지고 평가 받는 제도였는데, 학생 선발 방식에 있어서도 학교 생활기록부 반영과 수능시험, 그리고 입학 사정관제에다 수시모집, 논술, 정시모집 등 다양하였다. 이러한 대입 제도는 학교로 하여금 종전의 교과서를 중심으로 한, 학력 위주의 획일적인 교육 방식을 탈피한 새롭고 긍정적인 교육을 도모하도록 요구하는 방식이기도 하였다.

교장으로서, 학생들의 올바른 가치관 확립과 개성신장, 그리고 학력의 증진을 위해 특별하고 독특한 교육계획으로 학교를 운영하여 성공한 구체적 내용을 여기에 쓰는 것은 생략한다. 한마디로 말하면 나는, 새 시대의 교육으로서 마땅히 학생들에게 교육해야 할, 그리고 입시제도에 부합하는 최대한의 참신하고 필요한 교육 프로그램을 밀도 있게, 또한 정성을 다하여 추진하고자 하여 왔던 것이다.

여러 가지 다양한 교육활동은 교사들의 업무를 늘어나게 한다. 그러나 학생들을 살리는 것이라면 교사들이 뛰지 않을 수 없었고 교사들의 공감과 의욕을 불러일으키려면 교장은 몇 배로 더 뛰어야 했다.

교장인 나의 하루는 신문 한 쪽을 읽을 시간적 여유가 없었다. 하루에도 몇 차례씩 교실과 운동장, 그리고 특별실에서 이루어지는 각종 교육활동에 대한 순회 점검, 위에서 말한 교과 외 학생활동 기록물의 표집 점검, 하루도 빠짐없는 전교생 식사 현장 실태 점검, 늦은 밤, 하루도 빠짐없는 전교생 교문 앞 배웅, 그리고 교문을 나서는 학생들 한 명 한 명과 눈을 맞추고 격려하는 하이파이브…

나는 매일 아침 7시 30분에 출근하여 매일 밤 11시 30분에 퇴근하였고(심야근무는 자율학습 학생 관리 및 격려차, 하루 근무시간이 16시간으로 일반 교원들의 2배였다), 이른 아침부터 심야에까지 밀도 있는 교육활동의 진행을 위하여 교내 학습 현장마다 확인 관리, 순시 점검하는 한편, 교정에서 또는 쉬는 시간에는 휴게실과 복도에서 소인수, 또는 무리의 학생들과 매일, 짬짬이 대화의 시간을 가졌다. 또한, 휴일에도 학교 도서관에서 공부하는 학생들을 순회 지도하고 격려하기 위하여 등교하였다. 이렇게 기를 쓰며 노력하는 교장을 알아주었던가, 학생들은 물론 학부모들도 교장의 학력 신장과 진로 교육 방침에 적극 지지하고 기대를 가졌으며 교장에 대한 신뢰감 또한 매우 두터웠다.

내가 복도를 지나가면 교실에 있던 학생들의 환성이 쏟아졌고 운동장을 지나갈 때는 체육 중이던 학생들이 "교장선생니임" 하면서 합창하듯 소리쳐 수업하는 선생님들께 민망하기도 하였다. 그만큼 학생들은 교장을 따르고 좋아하였다.

수천 수백 명의 전교생이 교장인 나에 대한 기대와 열망이 큰 만큼 나 또한 너희들을 위해 내가 할 수 있는 모든 역량을 쏟으리라. 나는 우리 학교와 학생들을 위해서라면 목숨이라도 걸겠다는 각오와 결기로 나의 모든 열정과 시간을 학교에 바쳤다. 해마다 재학생의 학력은 신장되었으며 신입생의 수준은 높아갔다.

이렇게 학생들과 혼연일치가 되어 학교를 만들어오던 3년차 되던 해 고입 선발 시험에서, 본교는 입시 총점 200점 만점에 합격자 평균이 182점이라는 깜짝 놀랄 수준에 이르게 되었다. 지역 여러 중학교의 최우수생들이 본교에 몰려든 것인데 이로서 시내에서 가장 꼴지의 학교가 만 3년 만에 전국 최상위권 수준의 경쟁력 있는 학교가 된 것이다.

이듬해에는, 유래 없이 엄격하게 시행된(바로 몇 해 전, 학력평가 부실관리가 문제가 되어 큰 파장을 일으킨 후 학력평가를 전국적으로 수능관리 수준으로 엄격하게 관리함) 학력평가인 국가수준 학력평가에서 우리 학교는 경기도 400여 개 고등학교 중 4위(특목고 제외, 특목고 포함 9위)라는 엄청난 결과를 보였다(당시에는 동아일보, 조선일보 등 언론에서 전국 학교별 순위를 발표함). 후에 이 아이들이 대학입시 수능에서도 언어 · 수리 · 외국어의 3개 (공통)영역 1, 2등급 획득자 응시생별 비율에서도 역시 경기도 전체의 4위(특목고 포함은 7위)의 실적을 보여 교육계는 또 한 번 놀랐던 바, 이렇게, 우리 학교는 자타가 확고

하게 공인하는 명문고등학교가 되었던 것이다.

학교 신문 전면 광고와 앨범 첫 장에는 "○○고, 경기도 4대 명문 공인되다"라는 헤드라인 아래에 각 일간지에 보도되었던 전국 순위표가 사진으로 실려 있었고 또한 학생회에서는, "수직 상승 밝은 미래, 최고 명문 ○○고"라는 대문짝만 한 현수막을 교문 기둥 사이로 가로지른 대들보에 수년간 걸어놓았다.

사립학교나 특목고도 아닌 일반계 고등학교에서 불과 3~4년 만에 이런 결과를 보인 것은 고등학교 학력 향상의 역사에서 아마도 건국 이래 전국 최초의 사건이었을 것이다. 이후 우리 학교는 해마다, 대학 입시 최종 합격자를 축하하는 현수막이 교내는 물론 교문에서부터 큰 길까지 수십 장이 빼곡하게 걸리는 진풍경을 연출하게 되었다. 학생이 학교를 자랑스러워하고 행복해하는 학교, 수도권 전 지역 사회에서 알아주는 학교… 하늘 높이 떠오르듯 수직 상승하는 학력, 교장을 비롯한 교직원, 그리고 학생과 학부모들이 사랑하고 신뢰하는 학교, 무엇보다도 수많은 제자들이 희망하는 대학에 진학할 수 있게 되었다는 성취감… 학교를 책임진 내가 이보다 큰 자랑과 보람이 더 있을 수 있을까, 나는 날마다 출근 시간이 즐거웠고 학교에서 근무하는 시간이 행복하였다.

나는 나의 직업이었던 교직에 최선을 다하였다. 교직은 나의 일생에 걸친 대부분의 세월이었으므로 나는 나의 인생에 최선을 다하였다고 해도 무방할 것이다. 나는 나의 교직의 휘날레가 빛이 났음에 매우 기쁘고 다행스런 마음으로 정년을 맞이했는데 수년이 지난 지금도 이때의 행복감에서 벗어날 수 없다. 이 거대한 행복의 보따리들은 평생 풀어도 다 풀지 못할 것 같다.

나는, 나의 학교장 스토리가 나의 입장에서는 성공의 신화요 감동의 드라마라고 생각하기 때문에 고희(古稀)에 즈음하여 이 책에 주요 시제(詩題)로써 상재(上梓)한다. 물론 이 밖에도 교육과 관련되었거나 나의 일생을 오늘에 이르기까지 면면히 이어지게 한 것들, 즉 내가 자신과 싸우며 드디어 이겨내어 행복을 얻었던 사연들도 역시 시라는 장르를 빌어 이 책에 기록하였다.

쓰다보니 자화자찬이 되어 겸연쩍다. 솔직하게 쓰다보면 자화자찬이 될 것이고 타인의 심기를 살피며 겸양지인의 태도를 표방하다보면 오히려 표리부동한 가식이 될 수도 있다. 인생 후반부에 회고시를 쓰는 데에서까지 겸손의 허울로 자의식을 눌러서야 되겠는가? 내가 태어나서 한 일 중 몇 안 되는 행복의 엔돌핀으로 나의 자의식 속에서 살아있는 가장 소중한 나의 행적, 나의 자랑, 나의 행복을 겸양지덕의 미명하에 죽을 때까지 표현도 못하고 가슴에 묻고 사는 것은 그리 바람직한 모습은 아닐 것으로 생각하였다.

한편, 일부 서사적인 사실들을 시로 만드는 것은 상징이나 비유 등 시적 변용(變容)면에서는 다소 충분치 못하여 통상적인 시다운 감칠맛이나 기교면에서 부족할 수도 있다. 하지만, 회고시집의 특성상 어쩔 수 없이 이런 소재로 쓴 시들을 많이 포함시켜 시집으로 묶었음을 이해하기 바란다.

미미하나마 내가 보람 있고 행복하였다고 스스로 인식할 만큼의 생애를 살 수 있도록, 나의 청소년 시절에 희생적으로 뒷바라지하시고 키워주신 주홍엽, 김종녀 두 분 부모님과 부모님처럼 나를 돌봐주신 두 분 형님, 그리고 누님께 진심으로 감사의 절을 올린다. 또한, 어려운 시절, 희생적으로 가족들을 뒷바라지하며 슬픔과 기쁨을 함께하여 온 아내에게도 깊이 감사의 마음을 표한다.

목차

제1부. 오늘 하루

제2부. 봄의 반란

제3부. 땀방울의 기억

제4부. 세월

제1부.
오늘 하루

새해맞이

새날이여
세상을 깨우고 생명을 일으키며
말없이 다가오는 손님이여
그대, 바다 건너고 산을 넘어
눈부신 옷깃으로 하늘하늘
살며시 다가서는 순간
대지는 어둠을 거두고 다시 깨어나
그대를 맞이하네

여명(黎明)이여
설레이는 부름,
새날의 팡파레가 울리네
천지를 가렸던 육중한
어둠의 장막은 뒷걸음쳐 물러나고

묻혔던 생명들
주섬주섬 깨어나 일어서네

그대의 보드라운 손짓에
나뭇가지마다 활개를 들어 스스로
살아있음을 확인하며
일신우일신(日新又日新),

다시 새로운
그대의
황홀한 우주를 받아들이네

오늘 하루

우리 우주 은하계에
태양계를 포함한 2천억 개의
별과 성단.
은하계가 모인 다중우주군은
우리 우주 은하계보다
수십조 배나 크다는데
이것이 밤 하늘의 별들이라네.
우주 속의 사람은 먼지보다 작고
광년 속 인생은 순간도 안 돼
해가 뜨고 지고
꽃이 피고 또 지고
잠시 세월 속 우리 일생,
어느 하늘 어느 별에 날아가다가
보일 듯 사라지는 분진(粉塵)이 되리.
다만,
풀잎의 이슬이 사라져도
반짝 빛나는 순간이 있듯
삶이여, 우리 지금 빛은 나는가.

삶

친구여
열쇠를 거두게나
비밀의 궤짝은 열지 말게나
이브의 선악과를 따선 안 돼
세상 묻지도 따지지도 말고
자네와 나의,
아니 누구나 간직한
차마 열어 보일 수 없는
금도(襟度)의 상자.

있는 듯 없는 듯,
아는 듯 모르는 듯

친구여
너와 나,
외줄타기 광대가 되어.

어릿광대는 재담을 늘어놓고
악사는,
이어질 듯
끊어질 듯
굽이굽이 새납을 불어대네

광대는 허공에서
부채를 치며 기울기를 잡고
날 듯, 떨어질 듯
뒤로 훌치기, 앉아서 돌기
외선 줄이 마당인 양
둥실둥실 뛰노네

친구여 이렇게 둥실
둥기둥실
살아나 보세
흰구름 뜬 하늘로 오르듯.

그리움에 대하여

그리움은 외로움이다
늦가을, 너른 바닷가
스산한 바람결에
한없이 밀려오는 물결이다

눈 감아 거슬러 오르면
굽이굽이 흐르던 물길,
아득한 저 멀리로부터
이제, 바다에 다가온 강물이다

그리움은 가을꽃처럼
애잔하고 쓸쓸하다

마음속에 있는
내밀한 비밀의 곳간
그곳은 늘 잠겨있으나
어쩌다 살며시 열리는 때,
호수처럼 고요한 옛이야기
이 세상에 오직 혼자인 나에게
꽃으로 피어 아련히 다가오는
안타까움이다.

하대원 230번지

살다보니
세월은 훌쩍 흘러
홍안이었던 얼굴 주름살만 가득한 채
옛 동네는 거기 잘 있는가

그리워 찾아보니
산천이 그리 의구(依舊)하지는 않네

뒷동네 옆동네
재개발로
거리는 낯설어

여기던가 저기던가
종점 가는 길, 다만
400년 된 회화나무가
흰 눈 쌓이듯 소담스런 꽃지붕을 만들어
안온하게
옛 마을을 지키네

누추한 구옥이 추레하게 남아서
덧없는 세월을 탄식하는데
길가에 새로 핀 패랭이꽃이

아무 생각 없이
그냥 웃네.

커피 한 잔

커피 잔 속에 강물이 흐르네
시인[1]은 미라보다리에서
'사랑은 흐르는 물처럼 가버리고
나는 남는다' 노래하였지
홀로 남은 존재여, 고독이여
우리는 늘 그와 마주하네.

사람은 많으나
떠나는 길에 동반자는 없네
찻잔을 놓고
미라보 다리 위의 아폴리네르처럼
강물을 보네
시간도 세월도 흐르는데
잔 들어 입에 대면
칼날 스치듯 가슴을 여리게 하는

순간의 우수
그 아리고 싸늘한 고독과 마주하네

---

1 '미라보 다리'를 쓴 프랑스의 시인 아폴리네르

커피 잔 속에 아폴리네르의
센(Seine) 강이 흐르네.

나비

장자(莊子)[2]는
나비의 꿈을 꾸었어요

내가 나비인지 나비가
나를 꿈꾸는 것인지

고인돌 아래
나비가 춤추네요
엄중한 무게와
하늘거리는 가벼움
나비가 날고 있는 것인지
날아가던 고인돌이
땅 위에 잠시
머무는 것인지…

지금 우리는 나비처럼 춤을 추는가요,
바위처럼 머무는 것인가요?

덧없는 인생을 꿈이라 하네
꿈이 아니라 생시라 하네.

---

2 중국 전국시대의 철학자

호란(胡亂)

오랑캐가
전면전을 일으키네요
병자호란 정묘재란
6 · 25 남침 인해전술

최신병기 미세먼지,
1마이크로 미터는 백만분의 1미터
직경 10마이크로 이내의 작은 탄알.

황사탄은 질산염 암모니아 흙먼지,
미세 먼지탄은 금속 화합물
폐기능 면역기능 떨어뜨리는
사람 잡는 먼지탄.

동북공정, 사드 보복에
미세 먼지탄 공세
병자년에는
화란에서 끌어온 화이포(和夷包)로
6 · 25에는 다발총으로
이제는 미세 먼지탄으로,

전면전을 일으키네요

오랑캐가
무장을 하고
꽃피는 이 강토에
날마다 쳐들어와.

독도에서

눈에 넣어도 아프지 않을
혈육이 아니냐

수평선 저 멀리
동해의 파도 속에서,
선산 지키는
한 그루 소나무처럼
독야청청
의연하다

오늘도 등줄기로
싸늘한 물보라 막으며

풍랑 속
장좌불와(長坐不臥)
천 년 세월

잃은 아이 부모 찾듯
이마에 손을 얹고
아득한 서쪽 수평선 너머를 향하는
애절한 응시(凝視).

한이 깊었던가,
독도 앞에 마주서니
추상(秋霜)같은 기운이 섬찟,
소름으로 스며든다.

소라

소라여
산호와 해초가 너울거리던
너른 바다,
해조음 아름답던 바다 속 고향
너의 청춘 너의 생애 다 버리고
이제
백골로 환생하였느냐
물결 치는 대로
바람 부는 대로
모래 위 구르며
바다 밑 저 아래 산호 마을
호사도 버리고
온갖
분노와 저항도 내려놓은 일상,
너의 오롯한 달관(達觀)이
고적(孤寂)하구나.

바위

바위는 무언(無言)이다
바위는 깨우침이다

사는 것은 잃어가는 것,
모두와 결별하는 것
가진 것 그 무엇 하나도
보내야 한다, 놓아야 한다
손때 절은 만연필 한 자루까지도.

저녁해 서산으로 기울면서
우리는 조금씩 가라앉는다
마지막 달력을 넘긴 후 영원한 시간 속
더 영원한 사색의 가지에서
낙엽을 지우기 시작한다
언어를 지우기 시작한다

드디어 오롯이 남은 한 알의 씨앗
깊은 심장 속에 내밀한 항아리를 묻고
씨앗을 우린다
사색을 우린다
스스로 채찍하는 아픔을 보듬으며
바위를 잉태한다

바위로 태어난다

바위로 남는다.
무언(無言)으로 남는다.

쥐불

정월에는 친구여, 쥐불을 놓자
벼멸구 이화명충 온갖 잡놈 다 태우고
한 겨울 눈 속에서
오히려 물오른 청솔가지로
훠이훠이 불을 사르자

등잔불 아래 어머니의 눈물도
주정꾼들의 역겨운 방가(放歌)도
아, 세상을 칠흑 속에 숨었고
다만 타오르는 우주가 있을 뿐.

쥐불로 타는 내음 향그러워
쥐불로 타는 벌판 황홀해
우리는 폭군이 되었지
어봐라, 불붙여라 불태워라
쩌렁쩌렁 호령으로 밤을 휘어잡고
우린 춤을 추었지
공명도 위선도, 설움도 숨은 밤
무우밥 감자밥 끼니 걱정
겨우내 모질던 동장군도 일 없다.

훠이 훠이
논두렁 밭두렁 도둑놈의 갈구리
가시덤불 왁새풀 모두 태우자
밤이 깊을수록 불로 익어 타는 가슴
키(箕) 쓰고 소금 받으러 간대도 우린 몰라
그날 밤, 불티되어 마냥 하늘로 올라도 보았네

쥐불로 타는 벌판은 황홀해.

풍뎅이

어릴 적 우리들은
풍뎅이를 가지고 놀았지
청잣빛 날개 불현듯 펴고 하늘로 붕 뜨던
암팡진 풍뎅이

들판의 삼나무, 뒷산의 밤나무
바닷가 해송 아랜 풍뎅이도 많았어
햇볕 따가운 날 그늘에 들어 풍뎅이 다리를 잘랐네
앞다리 뒷다리 부절 경절 다 자르고 더듬이도 떼었지

장구치구 북치구 장구치구 북치구

풍뎅이는 풍뎅이, 날지도 못하고 도망도 못 가
뒤집혀 허벅지로 허공을 휘저으며 버둥대는 저 모양
우리는 손뼉을 쳤지, 얼쑤

장구치구 북치구 장구치구 북치구

오늘 우리는 풍뎅이가 되었네
하얀 이슬 먹고 사는 풍뎅이가 되었지.
막내딸 요구르트 자르고
문학동인 모임도 자르고

팔순 노모 문안도 반쯤으로 잘랐네.

맴돌며 버둥대네
불구의 풍뎅이,

장구치구 북치구 장구치구 북치구 장구.

반송(盤松)을 키우며

15년 전,
키가 25센티쯤 되는 반송 묘목을 사다가
30센티 간격으로 심었다
5년 후, 50센티로 자란 이놈들을 이식(移植),
1.5미터 간격으로 넓혀주었다
용담천 얼음 위로 휘돌아치는 소나무 밭의
겨울 바람 속에서 해(年)를 건너며,
불밤송이 같던 머리털과 잔가지를 잘라내면서.

나무들은
풍성한 푸른 머릿결,
하늘에 뜬 낙하산처럼 부풀던 자태
해가 거듭될수록 팔은 길어지고 키는 높아져
한 평 좁은 땅으로는 견딜 수도 없었다
풍찬노숙(風餐露宿)으로 자란 너희들
차마 솎아낼 수도 없어
너의 팔, 나의 다리 자르면서 함께 살리라
해마다 톱질이요 가위질,
손가락과 사지(四肢)를 잘라내어
이제는 머리털 몇 가닥, 푸른 솔가지마다
송홧가루만 한 웅큼씩 지니고
세월이 덕지덕지 묻어있는 육신

처참한 해골로 서 있는 반송(盤松)들.
나무여, 그러나
송홧가루 향그런 삼단 같은 머리채보다
각질이 버캐[3]처럼 일어나고,
울퉁불퉁 뭉턱뭉턱 힘주어 내리찍거나
때로는 비백(飛白)으로 건너 뛴
일필휘지(一筆揮之) 안진경(顔眞卿) 필체 같은
너의 형해(形骸)가 차라리 숙연하구나

전지칼로 쳐내버린
반송(盤松) 같은 세월이여.

---

3 바위에 붙은 굴껍질

너의 선연한 눈빛이 묻은 마지막 나뭇잎이 지고 있구나

시간이 무서워 떨고 있단다
아늑하던
창가에 잔잔히 흔들거리던
나뭇잎의 그림자가
망나니 되어 머리 산발하고 연신,
흉측스런 칼 번득이며 춤을 춘단다.
온 세상 꽃과 풀, 향기로울수록
햇볕 내리는 뜨락 따스할수록,
우리의 가슴에는 삭풍이 불고
꽃과 풀, 나뭇잎과 햇볕 그리고
계절의 향기까지
비수가 되어 가슴에 박힌다.
이제 우리는 사람이 아니다
이 세상 모두 부질없거늘
부질없는 밧줄에 매여 춤이나 추어야 하니
살아있음이 모욕이다.
모두를 잃은 자는 시(詩)가 없다.
할 말이 없다, 할 일도 없다
너를 위한 목숨, 이제 목숨이 아니란다.
살아갈 길보다 아득한 우리의
눈물겹던 옛날을 모두 지워야 하느냐

지난 봄 너희들 세상 참으로 예쁘게 피어날 때
너의 선연한 눈빛이 묻어있는
꽃잎, 나뭇잎
이 가을에 지고 있구나
신갈 호수 건넌 산 흐드러진 아카시아,
은행동 등나무 오솔길에도
벅찬 꿈과 자유 그리고 사랑에의 설레임
흰 구름 뜬 하늘같은 아늑함으로,
무지개같이 아련함으로
간절한 꿈 어리고 벅찬 숨결 스치던
봄은 지나고

너의 눈빛들이 묻어있는
마지막 나뭇잎이 지고 있구나.

복동이

- 산책 거리

그날이 오면,
단 하루도 헛된 시간 보내지 않으리라
엄청난 시간을 누리게 될
퇴임 후의 세상이 설레였지
한문 서예, 명리학, 클래식기타,
용담집 가꾸기, 복동이 산책…

몸은 마음을 따라주지 못해
세월은 술렁술렁 흘러
또 한 번의 강산이 변하였으나
바보 같아라
뭣 하나 확실하게 건진 건 없네
다만,
복동이와의 산책은 어김없었으니
세월의 비용으로 건진
이것은 값이 얼마일까
아침에 4킬로, 저녁에 4킬로
열흘이면 80킬로,
1년에 2,560킬로미터
8년간 2만 킬로가 넘는, 지구의 반바퀴를 돌았다.

복동이의 발바닥은 편자처럼 굳어졌는데
나의 육신은 어디쯤에
쇠기둥 하나 세웠졌을까.

- 후각

나는 산책하며
풍경을 곁눈질하고
복동이는 산책하며
냄새로 세상을 구경한다
몇 발자국 뗄 때마다
코로 길섶을 훑어가고
어느 지점에서는
이리 저리, 길고 때로는 짧게
깊고 때로는 얕게
숨을 쉬며 대지를 탐닉한다
친구를 만나면
엉덩이부터 냄새를 맡는다
거기에 코를 대어
친구의 개인 정보를 염탐한다
후각 세포는 사람의 44배
후각 능력은 10만배란다
복동이는
코에서 새가 날고 꽃이 피고

낙엽이 진다
대지에서 그리운 땅
엄마의 냄새를 찾는다

- 언어

사람들은 모른다
개를 사랑하는 사람들이
개를 사랑하는 이유를.

주인을 따라나서길 좋아하지만
나서야 할 때를 안다
주인의 표정을 읽고
주인의 마음을 안다
주인이 동네에 들어서거나
동구 밖에 이르기도 전에 미리 알고
자다가도 용수철처럼 벌떡 일어나
마중 나선다

외출 후
씻지 않은 발로는 집안에 들어서지 않으며
탁자에 있는 음식에 입을 대지 않는다

눈과 얼굴로

백 가지 말을 하고 열 가지의 하소연을 한다
간절히 원하는 것은
더욱 간절한 눈빛을 보낸다

꿈에서도
온종일 주인을 기다린다
주인 있는 곳을 지향하며
상시 비상출동 준비를 한다
사람도 따라하지 못할 성실함,
그의 눈
그의 표정
저렇게 진지할 수 있을까
저렇게 간절히
사랑할 수 있을까.

- 눈치

복동이는
가족과 외출을 좋아한다
여럿이 나가는 것은 더욱 좋아한다
이리저리 맴돌며 뛰며 껑충거리며
기쁨을 못이긴다
얼른 차에 뛰어올라 까치발을 딛고
창문에 매달려 선다

창 밖,
소슬바람에 흔들리는 가로수 잎과
그 아래 지나가는
사람들을 관망하며
멀리 숲 속
나뭇가지에 기어오른 청솔모를 꿇아본다.
그러나,
무턱대고 나서지 않는다

거실에서,
가족들이 외출할 낌새를 재빨리
알아채는 순간부터는
초조하고 불안하다
식구들의 움직임을 주시하다가
금새 알아챈다
판단이 서는 순간 체신머리 없이
따라 나서지 않는다
체념하고 두 손을 바닥에 짚은 채
가만히 앉아서
가족들이 나가는 모습을
관망한다.
들고 날 자리를 아는 복동이
사람보다 못지 않은 사리분별,

놀랍다.

- 복동이 몰래

제집에서 쉬던 복동이는
누군가 간식을 먹을 때
귀신같이 나타난다
집안 어느 구석엔가
안 보이는 데에서 다리를 뻗고 자다가도
우유든 빵이든
주인이 그 무엇을 손에 드는 순간
나타난 복동이는
특유의 눈빛으로
레이저 쏘듯 응시한다
웬만한 뱃장으로는
그 눈빛을 외면할 수 없고
음식을 그와 나누지 않을 수 없다
어느 날
베란다에 있는 빵을
살그머니 가져와
거실을 지나서 안방에 들어와 몰래
먹으려는 순간
소파 아래 저 구석진 곳에서 자던 복동이
금새 나타나 입맛 다시며 주시한다
앗,
가렴주구(苛斂誅求)에 능란한 관리가 따로 없구나
아니다,

복동이는
저의 권리를 철저히 찾아 챙기는
똑똑한 녀석, 평등 의식이 투철하니
민주시민에 못지 않아
개, 차마 개라고 부르기 미안하다

- 복동이와 양말

복동이와 산책을 나가려고
화장대 앞에서 등산복 바지를 입는 순간
내 곁에 나타난다
방금까지
어느 구석에서 잠자고 있던 녀석
순간, 산책의 낌새를 확인한 그는
벗어서 뭉쳐놓은 양말을 찾아
이 구석 저 구석 탐색하다가
드디어
찾아낸 기쁨으로
깡충깡충 뛰어와 양말을 건넨다
꽃도 보고 새도 보며 오줌도 갈기고
청솔모와 고양이를 쫓아다닐 수 있는
신바람 나는
자유의 세상이 어른거린다

주인이 양말을 신어야 한다
복동이에게 양말은
주인의 시동을 걸게 하는 자동차의 키이다.
산책에서 돌아오면
벗어준 양말 뭉치를 물고
그것을 안전하게 숨길 만한 장소를 물색하며
온 집안을 헤맨다
중요한 저 양말
아무도 모르는 곳에 감춰야 해
복동이는 삼십 분이 넘도록
숨길 자리를 물색하며 온 집안을 헤맨다.

- 길

복동이와 자주 산책하는 길
개울가를 지나 계단을 올라
쌍룡아파트 언덕길을 돌아서
상하동교회 옆 야채밭을 지난 후
큰 길을 건너야 하는 곳에 이르면
빨간 신호등 앞에
복동이는 반드시 멈춰 선다
오늘은 바쁘니
길 건너지 말고 저리로 그냥 가자
목줄을 당기면

아예 땅바닥에 엎드린다
절대로,
아닌 길로는 갈 수 없다며 버틴다
파란 불을 기다려 어쩔 수 없이
늘 가던 길을 향하여 길을 건넌다
맞지요,
복동이 발걸음이 날 듯 상쾌하다
정도를 걸어야 한다고
주인에게 모범을 보인다

- 마중

가족을 기다리던
복동이
가족이 들어오는 순간
젖 먹던 힘까지 다하여
연이어 점프한다

가족의 얼굴에
좀 더 가까이 다가서려는
처절한 몸부림이다
뱅글뱅글 돌아도 보다가
덩실덩실 춤을 춘다

저렇게 좋을 수가 있을까
환희의 폭발,
지상 최대의 영접이다
사다리에라도 오르고 싶은 간절함으로
높은 곳의 그 얼굴
쳐다보다가 목이 빠지겠다.

- 기다림

9층에 사는 복동이는
외출했던 가족의 차가
지하 주차장에 도착하는 순간
알아차리고 현관으로 뛰어나간다
보이지도 들리지도 않지만
사람보다 먼저
도착의 낌새를 알아차리는
놀라운 감각
한 순간도 잊지 못하는
가족의 주파수를 잡았는지
현관 쪽을 향하여 앉아
마냥 출입문에 눈을 붙이고
기다리다가
때로는 가족이
되돌아 밖으로 나갔을 때는

망부석처럼 기다리다 지쳐
출입문을 향한 자세 그대로
잠이 든다
잠이 든 채로 기다린다.

- 어느 날

겨울산 중턱에서
복동이의 목줄을 풀어주었다
가파르고 눈 덮인, 여기서야
네가 자유를 누린들
문명사회의 눈총이 미치겠느냐
그런데 탈이었다
몇 차례 가물가물 꽁지를 보이더니
돌아오질 않는다
복동아
복동아
산골짜기에 메아리 대신
냉기가 싸늘하게 귓가를 스친다
어둠은 홍수처럼 잠겨
산 밑으로부터
고래등 같은 산등성이를 삼켜버렸다
부르는 소리는 잦아들고
'부르다가 내가 죽을 이름'이 된다

혹시 이 순간
그 녀석은 이미 시내로 내려와
죽음의 길을 헤매는가
어둠은 더욱 진해지고
부르는 소리도 감감해진다
아내는 하산하라는 응답이 왔고
딸은 죽일 것이냐는 반문이 왔다

죽었는지 살았는지
어디를 떠도는지
녀석의 안부를 풀지 못하고는
하늘 아래서 숨을 쉬며 살 수 있겠나
머리 속에 먹구름이 몰려온다
물에 빠진 사람인 듯
이제 복동이가 나를 부른다
어쩔 수 없는 상황은
나의 목숨을 부른다
저 산을 넘으리라 눈 덮인 절벽의 산
안절부절 조바심은 끝나고
절벽을 향하여
어둠 속으로 내딛으려는 그때,

발 밑에서 부스럭 나뭇잎을 헤치고
복동이, 태연하게 불쑥 나타나

헤벌쭉 흔들흔들 꼬리를 친다.

- 그의 부(父), '감자'

털이 많은 '감자'는
그의 우아한 모습으로
산책길,
많은 사람에게 칭찬을 받지만
장미꽃의 가시인가,
그 털이 화근이 되어 거실에서 쫓겨나
두 평도 안 되는 전실에서 살게 되었다
감옥이 따로 없었다
귀염 받으며 함께 지내던 거실이 그리웠다
가족들이 드나드는 짧은 순간 껑충 뛰어
반가워 소리 지르며
꼬리치기도 전에
가족들은 사라진다
신발장 아래 거울이 붙어있다
거기에 손바닥만큼 거실이 반사되어 비친다
감자는 낮게 쭈그리고
거울을 온종일 바라본다
며칠 만에 한 번쯤
거실의 식구들이 잡히는 거울 속
오늘도 가족을 기다리며
틈새로 거울을 응시하던 감자
사람의 온기가 그리워
날마다 간절하게 바라보던 거울.

녀석이 세상을 떠난 후
거울 속의 '감자', 그의 모습은 사라졌다
이제, 하늘의 거울로
지상을 내려다 보는지.

제2부.
봄의 반란

자작나무 숲에서

자작나무의
하얀 몸들이 가냘프다
까치발 디디려 안간힘 쓰다가
허리는 자꾸 가늘어진다
지상의 좁다란 땅마저 양보하며
위로만 자라는 한결같은 향일성(向日性),
살랑살랑 바람결에 머리칼 날리며
하얀 옷자락에 죽죽 번은 각선미.
그러나,
햇볕 한 줌을 얻기 위해
몸을 드러내지 않는다
백색의 여인들, 순교자처럼
하고 많은 세월 처연히 서서
그리운 이 애타게 기다리듯
온몸으로 간절히
발원(發願)한다.

민들레
- 고향 아저씨 이야기

배고팠던 나라,

가야 할 길은 아득한데
석달 열흘 가물던 마을 들판
이미 논밭은 타버려

보리죽도 말라버린
정짓간을 뒤로 하고
물 한 모금 마시고 들로 나온 농부
봄은 푸른 빛, 세상에 넘치건만
초근목피 고달파 허기진 눈에
여기저기 피어 있는
민들레,

열쩍게도,
천연하게
보리고개 언덕에서
웃고 있었다.

봄의 반란

천하의 공화국은 무너졌던가,
겨울은 떠났지
한 줄기 삽상한 바람이 심상찮아
우연히 먼 산을 보니

수백만 군사들이
고지를 향하여
산등성이마다
가뭇하게 기어올랐네
전후좌우, 천지사방에
깃발이 창궐하고
세상은 어느새 뒤집혔네
색(色)의 반란,
푸른 깃발의 궐기, 혁명이었네
무엇일까, 이토록 대단한 배후는?

그날
바람은 옷깃에 살랑거리는데
마을마다 뜨락엔
다사로운 햇볕이
올올이 내리고 있었네.

사월의 꽃

사랑이여
너 없으면 못살아 얼싸안고
두 뺨 부비며
또 한 없이 뜨겁게 끌어안고
한밤 지새던 사랑이여.

자정이 지나면 사라져야 할
신데렐라의 마차처럼
너는
홀연히 떠났느냐
이별의 입맞춤도 포옹도 없이

화려함을 위하여
찬란한 웃음을 위하여
하늘에까지 이르도록
찬가를 부르리라
영원을 믿었던 사랑을 위해

황홀했던
날개옷 마구 벗어버리고
예쁜 아이 셋을 낳기도 전에
하늘로 오른 선녀처럼

떠났네,
4월과 같은 꽃이여 사랑이여

개화(開花)

지난 겨울 칼바람
시린 동토에
꽃잎 하나 품어 안은
나뭇가지 끝 봉오리가
맨발로 언 땅 위에 떨고 서서
살을 에는 모진 바람 속
긴 밤을 지새우다가

4월도 눈부시는 어느 날에
탯줄 박차고 나오는 아이같이
골짜기 진동하게 울음을 터뜨려
짠, 카드섹션처럼 일사불란(一絲不亂)
현란한 '개화'를 펼쳐낸다

쫘악 피어나는 벅찬 감동으로
울어버린 꽃이여

아프도록 순정한 내음
천지에 그윽하게
온통
꽃향의 안개를 피운다

낮달

세상을 밝히던 고운 빛

어둠은 물러가고 이제
대명천지 밝은 세상이 되었으니
겸양지덕의 선비로,
암흑의 나라, 어두운 밤에
외로이
소명을 다한 후
이제 빛을 거두고 뒤켠에 물러앉은
낮달,
겸손하게 신시(申時)의 하늘에 걸려있다.

보일 듯 말 듯
있는 듯 없는 듯
유공(有功)의 포상(褒賞)도 권력도 멀리한
아득한 거리에서
청렴한 선비처럼 도포자락 개고 앉아
담담히
이 풍진 나라
더욱 어두워지는 세상을
하염없이 바라보는
낮달.

사철나무를 기르며

사철나무에게는 죽음이 없다
죽음이 없으니 지옥이 없다
이 세상은 기어코 살아야 할 최후의 땅.
처절하게 살아날 수 있을까 이겨낼 수 있을까

선비들은 지조를 사랑했다
매란국죽 사군자를 모시고
여름엔 정자에서 겨울엔 사랑에서
도를 닦듯 날마다 화선지에
매화와 국화를 그리고 난과 죽을 쳤다

'솔아 너는 어찌 눈서리를 모르느냐'
윤선도는 독야청청 소나무의 절개와
수석송죽월의 불변함을 노래하였다

그러나 선비여
눈을 즐기고 향을 즐기며
시들지 않음을 노래할 줄 알았으나
그들을 길러보지는 못하였구나
소나무가 독야청청, 대나무의 절개가 대쪽 같고
국화와 매화가 추위에도 핀다 하나
죽여도 살아나는 사철나무는 몰랐구나

장형(杖刑), 압슬(壓膝)에 담금질
교형(絞刑) 참형(斬刑) 능지처사(陵遲處死)에
목숨을 열 개라도 내어놓겠노라
죽지 않고 살아나는 지조여.

엄동에도 불붙는 열정,
붉은 열매를 위하여
골백번 죽어도 살아나는 동청목(冬靑木),
사철나무를 몰랐구나

오월의 추억

들꽃의 향기가
얼굴에 스치고
훈훈한 봄바람이 산들거렸네
호밋자루 내던지고 상경했다던
동네 처녀의 전설이 새삼스러운
미칠 듯 황홀한 계절 오월이 가네

산에는
접동새 불여귀 울어 제끼고
아카시아 향내음은 가슴에 파고들 때
머위는 부푼 가슴처럼 터질 듯 피는데
나무 그늘 아래
소슬바람이 머물러 얼굴을 간질이고
가로수 연록은 푸르게 익어가고 있었네

아름다워 눈물나는 계절
휴양림 뻐꾸기의 긴 울음은 목이 쉬었고
조개산 피맺히던 소쩍새 울음은
산마루를 넘었네

설레이는 녹음 속에
한 잎 이파리의 떨림도 몸에 저려오는
숨 가쁜 오월이었네

고목에게

지난 날
떡잎으로 태어나
쓰러질 듯 땅 위를 딛고 서서
아슬아슬 세월이 흐르니
잎새, 푸른 물 뚝뚝 떨어질 듯
너의 잎 무성한 계절도 있었으리.

비바람 눈보라 속
오로지 하늘을 향하여 오르던
집념이 가상하다, 더불던 숲은 보이던지.

가려던 곳은 신기루처럼 저 멀리인데
너의 몸엔 굵은 주름과 상채기
투터워진 각질이 안쓰럽다
어쩌리, 잎은 애처롭게 나부끼지만
너의 아랫도리는 남루해지는데
어느 날 석양은 보았을까
오르다가 무너지는 나무여
청춘이여.

소나무에 기대어

소나무에 기대어 서면
하늘이 열린다
하늘, 오솔길에
꽃들이 곱게 피어 하늘거린다.

소나무의 펼쳐진 손이 보인다
하늘 길 저 멀리 아득히 걸어가는
사랑하는 이를 손짓으로 불러댄다
얼마나 간절하였으면
그의 손바닥은 화석처럼 굳은 채 흔들리며
나뭇가지마다 사무친다.

땅의 물길이 등을 타고
소나무 꼭대기로 흘러간다
이렇게 정분 넘치는 반려자가 있을까
그의 발끝에서 이어지는 수맥이
내 육신의 혈관으로 흐르며
살랑살랑 물소리를 낸다.

나는
꽃핀 들길
때로는 물길 따라 하늘의 평원으로,

아득히 떠 있는 구름 아래로
강물이 되어 흐른다.

여주 용담리

이 풍진 세상 삭막하거든
떠도는 나그네여 용담에 머물라
군마도 모른 체 지나가는
미움도 상처도 없는 곳
양자산이
맏며느리 같은 각시봉을 앞세워
남쪽 상호리 뒷산 자락과 손을 마주잡고
용담리 들판을 품어 안았다
북풍마저 빗겨가는 이곳
햇살 가득 넘치는 뜨락에 머물라

사방을 보아도 산병풍
들판은 아늑하고 포근하다
꿩이 깃들고 들꽃이 피었으며
곡식은 언제나 풍성하였다

대보름엔 옛날의 달이 뜬다
마을은 농악을 울리고 달집을 태운다

용담천은 마을의 젖줄,
언제나 마르지 않아 물풀숲엔
메기, 불거지, 피라미들이 자라는데

해마다 두렛날 젊은이들은
용담천을 뒤져 매운탕 잔치를 벌인다

개울가엔 수백 년 밤나무들이 무성하게
열지어 장관을 이루던 나무 그늘은
여름의 별천지였다
밤나무 끝자락, 마룻장 같은 바위 언덕 아래
흐르던 물, 잠시 쉬었다가는 구룡소
아홉 마리 용은 이미 승천하였으리
큰 돌 작은 돌들은 수천 년 물에 씻기우며
원만하여라, 원만하여라 노래 불렀다

이제
용담천 따라 무성턴 밤나무들은
개발의 톱날에 잘리우고
구룡소 가는 오솔길마저 끊어져
안타까워라
먼발치에의 추억으로 남아있는 구룡소

산자락이 에워둘러 지킨 순결의 둥지 용담리
각시봉이 금계처럼 날개로 품어 안아
뜨락은 언제나 다사롭고 안온하여라.

제3부.
땀방울의 기억

중학교 입학

시골뜨기 촌닭
장터에 나오듯
40리 밖, 중학교에
입학시험 치러 갔을 때,

동네 형뻘 선배의 자취방은
불도 때지 않은 섣달의 냉방
여기서 하룻밤을 묵고
다음날 시험을 치러야 하는데
둘이서 덮을 이불은 한 장
선배는 잠결에 혼자 이불을 칭칭 감고
나는 방바닥에 동댕이쳐진 채로
밤새 혹독한 냉방의 한기는 뼛속까지 스민 채
후에 병이 되어 한동안 혈변을 눴다
창백하게 언 몸으로 시험장에 갔지
시험 며칠 후 합격자 발표
학교 본관 처마 아래
일제식 건물 까만 송판 외벽에
붓글씨 세로로 쓴 한자 수험 번호
내 이름은 2등 자리에 붙어 있었다
조바심하던 어린 촌뜨기의 가슴에
천둥소리처럼

차석을 공증하던 옥새 같은 날인(捺印)은
학창 시절 내내 나의 회초리가 되어
무리들 속에서 뒷전으로 움추리거나
게으름의 늪에 빠지고 있을 때마다
나의 종아리를 내리치곤 하였다
젊은 시절 나를 일으키던
마부의 채찍이었다.

중학교 시절

어머니는 이미
새벽닭 우는 소리와 함께
일어나셨던가,
어느새 밥을 짓고 찬을 챙겨
밥상을 들고 들어오신다
잠에서 깨지 못한 나에게
한 술 뜨라며 애원하셨다
시뚝고개를 넘고 한 십리를 걸어
깊은 갈매기 들어설 때 비로소
새벽 안개 속 소나무들이 일어선다
사십 리를 걸어 얼굴의 땀을 거두어 뿌리며
승언리 딴뚝에 들어서면
그때서야 사립을 나오는 그 마을 아이들과
우리는 함께 등굣길을 걸었다
유일의 중학교,
조개산 휴양림 소나무 삭정이 꺾어
화덕불에 자취를 하며 공부하던 시절
일주일 내내 고향집 생각에
마음은 늘 젖어 있었으나
어린 마음은 오로지
어머니를 낙심시킬 수 없다는, 일념
흔들리는 마음과 싸우며 공부의 끈을 기어코

놓지 않았다
졸업 때 시상대에 제일 먼저 올라
받은 교육감상
알고 보니 수석 졸업이었다.
수줍던 자신감은 신념이 되어
젊은 시절,
가파른 길 언덕에 이를 때마다
장승처럼 우뚝 서 지키고 있었다.

서대문 시절

성남에서 570번 버스를 타고
선 채로 한 시간
을지로 6가에서 146번을 갈아타고
서대문까지
어떤 때는 세종로에서 길이 막혀
걸어가기도 하였다.
군은 최후의 저지선인 듯
이순신 장군 동상 앞에
계엄령 해제하라는
학생 시위대와 맞서 일제히
그들을 향하여
'허리에 총자세'를 취하고 있었는데
총부리 앞에서 길을 건너
체루탄 내음 속 서대문까지 걷던 길,
아낙은 중환자인 듯한 가족을 업고
시위대가 점령한 인도를 피해
우리와 함께 숲길을 넘었지
전쟁이 따로 없었다
월화수목금… 하루도 빠짐없이 강의를 받고
청계 5가에서 밤 11시, 성남행 버스를 갈아타면
자정이 훨씬 넘어 상대원 시장 우성약국 앞에 내린다
산꼭대기까지 가득한 주택들 사이로

이미 새벽의 습기가 젖어있는 밤공기를 헤치며
아득한 저 꼭대기를 향하여 걸어 올라가면
골목 어구에 아내가 서서 기다렸다
직장 근무 다하고 다시 대학으로 뛰던
날마다 파란만장 나의 하루, 그러나
'학문'을 한다는 긍지로 힘든 줄 몰랐던 신바람
청춘, 그렇게 신선할 수도 있었을까
회고하건대 한창 물오르던,
나의 인생 가장 빛났던 날들이었다.

첫 발령

발령장 들고 교육청에 갔더니
마침 부임학교가 졸업날이라서
내빈으로 행차하는 교육장 차를 타고
처음 교사로 부임하였네
스물여섯 앳된 나이
당시 초임지라면
전깃불도 없는 산간 벽지이거나
백령도 어청도… 도서 지역이 대부분

발령운이 좋았나, 벽지도 아니었고
마장동에서 버스로 한 시간 거리
군부대가 많은 38선상의 도시형 마을
한탄천이, 고소성리 주원리
군부대 안쪽 신흥리까지 휘감아돌며 흘렀는데

나는 낯설던 이 마을에 길들여지며
첫사랑처럼
꿈꾸듯 교직 5년을 살았네
첫걸음 서툴러 넘어지며
또는 일어서면서

아프게 행복하게.

고교 첫 수업의 추억

1982년
겨울 방학도 얼마 안 남은 12월 초
처음으로 고등학교에 부임하였지
나의 자리는 군에 입대한 조 선생의 자리
그가 수업한 진도를 받아 마무리해줄 시기
발령운이 좋아
기말고사도 치뤘고 성적 산출도 끝난 뒤였지

첫날 왜 이리 떨렸을까?
어제까지 초등교사가
오늘은 고등학교 교단에 서는 날
무려 9년간 길들여진 초등의 풍토가 몸에 배어
타국에 가듯 언어도 풍속도 낯설어
고교는 색다른 먼 나라인 듯싶었고
머릿속은 혼란스러웠네
첫 수업이 있는 월요일
주말부터 이날 새벽까지 교재연구를 하고
설친 잠을 깨어 2시간의 버스에서 내려
눈 쌓인 시장통을 벗어나 한내천을 건너는 다리 위에서
싸늘한 찬 바람은 얼굴에 스쳤던가
첫 수업은 1학년 국어 끝단원 언어와 사회?
새로 온 국어 선생의 수업을

어쨌든, 아이들은
눈 동그랗게 뜨고 바라보고 있었는데
나중에 생각하니 수업에 경청하였다기보다
갑작스런 열강이 희한하여
신기하게 구경하고 있었던 것이다.

편력, 학교신문 만들기 (1)

70년대 교단, 가리방 긁던 시대,
학교 신문을 만들 때
헤드라인 기사에 쓸 굵은 글자가 필요하니
가리방 위에 원지를 놓고
한 글자 한 글자의 자모를 막대기처럼 굵게,
언저리의 선을 먼저 그린 후
속은 철필로 하얗게 긁어 채워 넣었지
한 글자를 새기는 데 10여 분이 더 걸리고
손가락 뼛속에서 시큰시큰 짜르르 전기가 일었지

설혹 천신만고(千辛萬苦) 끝, 원지 원본을 완성하였다 해도
자칫 원지가 구멍나고
2, 30장 프린트에도 찢어져
애가 탔었지.

80년대 초반, p고교 교사 시절,
이 때부터는 종이에 편집 원본을 그려서 복사기를 돌렸지.
어느 해 겨울,
객지에서 근무하시던 본교 교장선생님이
갑자기 작고하시는 사건이 발생했는데
나는 식음을 거르며 급히 당일로,

호외를 발간하였지
주먹만 한 헤드라인,
'본교 이○○ 교장선생님 서거'
그날 밤으로 뿌려진 학교신문 호외의 빠름에
문상객들은 깜짝 놀랐었네
풍문보다 빨라야 돼, 속도와의 싸움
고생 끝에 신문이 발행될 때
그 벅차던 행복감!
내가 근무하는 곳마다 학교신문은 빛났는데
세월이 지나 교장이 되어서는
제대로 된 칼라 인쇄로
나의 지도를 받은 신문부는
종횡무진 평사낙안(平沙落雁),
군계일학(群鷄一鶴)의 고교신문을 발간하여
학생들의 자치활동의 상징이 되고
발표의 지면은 학생들에게 값진
창의력 신장의 마당으로,
지역사회 고교 문화전파의 매체로서
번쩍번쩍 빛났지.
학생들 발표와 표현, 참여와의 소통의 마당으로,
학생의 입학 진로를 도왔으며
본교 명문화에 큰 힘이 되었네.

젊은 시절부터의 소질은 핏줄처럼
면면히 흘렀던가,

나는 교단 한 평생,
나름, 학교신문의 혈통을 지키며 살아왔네.

성남서고 시절

그 시절 국민들은,
절약하여 한 푼 두 푼 모아 살림 늘리고
자녀 미래에 목숨이라도 걸 듯
교육에 허리띠 졸라매며
눈물 나는 열정,
직장인들은 날밤을 새우며
우리도 한 번 잘 살아보자
오직 내일만을 바라보며 뛰었지.
계단 오르듯
오르기 위하여 살던 사람들.

거리마다 우렁찬 국민가요가 범람하였는데
나는
20대, 초등교사로 발령받은 직후부터
교사, 이것으로 끝이 아니다
미래지향적이고
발전적인 그 무엇을 찾아서 헤매었지
서울 인접 성남의 대형 학교에 부임,
다시 머리 싸매고 공부하여 대학에 편입,
주요 전공과목을 이수하고 학위와 자격을 땄지
땀 흘린 보람인가
포천의 고등학교로 발령받았다가

드디어 초등교사 때 근무지였던
성남의 서고로 부임하였는데
당시 초등교에서 함께 근무하던 동료들이
3년 만에
내가 인근의 고등학교로 뛴 것을 보고
부러워한 것 같았고 또는 부러워할 것이라고 생각하던
그런 마음이 행복이었나 싶었는데,
20대 중반 그 어린 나이부터
사회적 직위, 또는 신분 상승?
더 나은 그 '무엇'의 추구를 위하여

골몰하고 애쓰던
나의 청춘에 박수를 치네.

땀방울의 기억
- 교원대 대학원 입시

외풍 심한 방,
이불 덮고 앉아서 시험공부
상대원 꼭대기 마을
연탄난로 꺼진 독서실에서,
그리고
바로 시험 전날 밤 늦게까지
청주 변두리 여관방에서
졸음이 무거운 눈 감기려 하면
쿵쿵 벽에 머리를 부딪히며
언어학 문학개론 고전, 현대소설과 싸웠지
넓은 시험장 강의실
한 줄 만큼의 인원을 뽑는데
지원자는 아홉 줄로 가득하다
첫 시간,
'한국 문학의 전통에 대하여 논하여라'
내용 좋게, 기승전결 논리성 갖추며
좋은 필체로
8절지 앞뒤로 빼곡이 써야 할 것인데
창 밖엔 간간히 눈이 내리는 영하 13도
고사실이 분명 썰렁하련만
떨리는 손 끝, 시험지를 적시며

뚝뚝 떨어지던

땀방울.

대학원 시절

교사를 잘 길러야 나라가 똑바로 선다며
전두환 대통령은
'교육사관학교'의 취지로
남한의 한복판
조치원읍 강내면 너른 부지에
교원대학교를 만들었다
좋은 시설. 우수한 교수진에 수업료 전액 면제
졸업시 순위고사 없이
전원 희망지로 발령한다던 학교

9대 1의 경쟁을 뚫고
교원대 대학원에 입학하다
재학 중 '청하문학회' 활동으로
전국 각지의 동급생 고향을 찾아,
명승지를 찾아
문학 수련활동을 하기도 하였다.
저서가 일백 권이 넘는다는
성기조 교수님의 카리스마,
우리 대학원생들은 문학 교과서
그리고 15권씩 2질의
고교생용 논술 학습서를 내기도 하였다
학부 시절의 뼈저린 반성으로

현대시 전공 분야에서
평소 모든 과제를 1순위로 제출하고
졸업 논문을 제1착으로 제출, 쾌히 통과한 것은
쾌거였다, 나의 생애 성공의 역사로
한 줄 오르리라.

그런데, 그즈음은
전두환 시절의 서슬 퍼런 군기가 완전히 빠진
90년대,
교원대 교정에는 온통
반정부 현수막이 펄럭이고 있었다.

서현고 시절

내 교직 인생의 사분의 일은
서현고 교단에 섰네
고교 평준화 이전, 90년대까지
부천고 안양고가 전국적 명문이었는데
노태우 대통령의 200만호 주택건설 사업으로
신도시가 생기면서
분당의 서현고, 일산의 백석고가 떠올랐지
2천 년대 초반까지
서현고는 일약 전국의 명문이 되어
전교생의 75퍼센트가 세칭 일류대에 합격하였지
S대 40명, Y대 80명, K대 100명, E대 80명…
그리고 경찰대, 카이스트…
공허하고 뻰지르르한 토를 달아 뭣하랴
인성교육 인간 교육을 바탕으로
실업계 고교는 취업을 잘 시키고
일반계 고교는 아이들 실력 잘 기르는 것이 제일

서현고냐 분당고냐
고입 때는 워키토키 무전 치며 눈치작전 치열하던
중학교 학부모들
서현고 담벼락이 그렇게 높은 줄 몰랐다 하였네

그 후,
수십 년 쌓은 전통과 명성, 명문고들을
평준화의 이름으로 무너뜨리고

여기저기에 특목고를 만들었으나
윗돌 빼어 아랫돌 괴기
경쟁은 나쁘다며 교육당국은
튀어져 나오는 두더지 머리에 방망이질 치듯
공부 잘하는 아이들 억누르는 일로 날밤 새웠네.

이철재 교장선생님

율곡 연수원에서
'교장학'을 배웠으나
서현고등학교에서 만난
이철재 교장선생님에게서 배운 것이
나에게는 진짜 '교장학'이었다
학생들의 학력,
창의력과 개성 신장을 위해
그리고 뭣이든 앞서가는 학교가 되어야 해,
선도적 교육을 추구하시던
교장선생님
가장 두드러진 모습은
학생 사랑, 바로 이것이었다.

학생을 사랑하지 않는 학교가 있으랴
그러나
진정 학생을 사랑하는 것을
교장의 최우선의 가치로 실천하는
이분의 철학이
너무 신선하게 보인 것은
학생 사랑,
당연함에도, 이런 교장선생님
처음이었기 때문이었다

아이들에게 먼저 웃으며 인사하고
일일이 이름을 불러주며 말을 건넨다
늘 학생들이 원하는 것을 찾고
귀담아 들어주고 호응해준다
여름에는 교무실 교장실보다
학생들 교실을 먼저 시원하게
겨울엔 따뜻하게

나는 분명, 교감 연수 무렵
이분에게서 이미
제대로 된 '교장학'을 배우고 있었다.

편력, 학교신문 만들기 (2)

대학 학보사
기자 선발 면접시험에서
편집주간 교수는 기존의 학교신문을
평가해보라 하였다
기자가 되면,
행사를 나열하는 지면이 아닌
학생들이 추구할 가치와
그때그때 중요한 이슈에 대하여
심층 분석하고, 문제를 추출하여 해결이 모색되도록
정연한 논조로 화두를 던져, 잠자는 독자의
눈을 뜨게 하겠다고 말하였다.

대학신문 편집장이 되어
달 지난 월중행사 후기와 같았던
읽을거리 없는 옛 학보의 타성을 혁파하고
시사성 있는 참신한 이슈를 특집으로 꾸미며
논쟁과 토론이 설설 끓은 뜨거운 지면을 만들어갔다

원고 뭉치와 와리쓰께를 들고
남대문 일요신문사를 찾아가
점심도 거른 채
등 굽은 문선공들과 온종일 서서

교정 활자 뽑아달라고 채근을 하며
판이 나오기 직전까지 연판공들을 달래며
동판, 사진 연판을 몇 번씩이나 바꾸어
지면을 최후로 다듬었다
드디어 윤전기가 돌아가면
포구의 어선이 생선을 쏟아놓듯
윤전기는 펄떡이는 따끈한 신문을 쏟아낸다
기름 냄새가 꽃더미처럼 향기로운데
순간 우리들은 신문의 향기에 만취하여
하늘에 뜬 무지개로, 구름 위로
아니 그보다 더한 기분으로 붕 뜨던 황홀감!
전국대학 출판물 경연대회에서 금상을 받고
다음해엔 은상도 받았는데
그 시절 아득하지만,
어찌 잊으리, 그것은
젊은 시절 뛰는 심장,
살아 숨 쉬는 이유였음을.

교감 연수 일기

직무 연수를 받던 율곡 연수원
율곡 이이와 신사임당의 묘가 있는
휴전선 가까운 한적한 산골,
위대한 교육자 율곡 선생의
덕망을 기르고자
후손 덕수 이씨 종중에서
경기도 교육청에 기증.

평교사로 종종 직무 연수를 받을 때
일단 직장과 집을 떠난 몸이니
교원으로서 수십 년
모범생처럼 살아온 남녀 교사들
직장과 집의 무게가 이리도 컸을까,
초등생 소풍날처럼
하늘에라도 날아갈 듯
갑작스런 자유가 기뻤네.
연수원 앞산 뒷산
아침 저녁 산책로를 따라 걷던
망중한(忙中閑)이 행복하였지

이제,
교원사회의 치열한 경쟁을 뚫고 온

교감 연수생들
내가 평교사 때,
높은 곳에 우뚝 선 듯 선망의 눈길로 바라다보던
그들,
이제 그 자리에 내가 서서
나는 나를 본다.

연수 첫날은 논술 시험
2개의 주제를 골라 100분간 쓰는 오픈 북
평범은 안 돼, 탁월해야…
주제를 뽑고 개요를 짜고 자료를 뽑고
써내려가되 정자(正字)로 글씨체도 수려하게
시간과 싸우는 100미터 경주인 듯
이마에 굵은 땀이 맺히고 팔목은 시큰거린다
논술은 바로 나의 전공, 기분 좋게 대들었으나
예상문제가 빗나가 자료를 제대로 못 찾았네
허둥지둥 쓰다보니 시험지를 다 채우지 못하고
아, 망쳐버렸구나
첫 시간 논술에서 큰 펀치를 한 방 먹고
보따리 싸들고 되돌아가고픈
절망.

굴복은 안 돼, 사생결단을 택하여
일과 후, 숙소로 가지 않고
매일 밤 도서관으로 갔지

먼발치에서 선배들을 보았던 낭만의 연수가 아니었어
결국, 달포 후 끝났는데
연수생 240명 중 종합 최상위권 성적!
어린 중학생 하숙하던 시절
좋은 성적표를 가지고 귀가할 때
발걸음 하늘에 뜨듯 가벼웠는데
바로 이런 것이었어.
최후에 이겼던 기쁨
이 얼마나 행복한 것이었던지.

토평고 시절

토평 대단위 택지개발 지구에
새로 들어선 토평고등학교
그 무렵부터 학교는
옛날과 달라 좋은 시설에
참 예쁘게 지었지
여기, 나는 초대 교감으로 승진발령 받았네
교사들 승진이란 평생 두 단계뿐
교사의 승진이 얼마나 힘든 건지
해본 사람이 알지
제자 훌륭하게 지도하는 건 기본,
수십 년은
남들이 편히 잠자는 시간에도
뛰어야 했었네.

하루 두 번
순환 고속도로를 타고 3년 11개월
어렵고 힘들고 때로는 아슬아슬
그러나 뛰어나게, 신설교가 명문되게
무사히 잘 마치고
여기서 다시 교장으로 승진했지
큰 영광,
말은 쉽지만,

교감 승진 무렵
가슴저리는 상실의 아픔을 겪고
아마도, 절망에서 발병한 것이었을까,
승진 후, 중병이 엄습하였는데
육체적 고통보다 더 깊은 마음의 아픔으로
거의 미치던 세월도 겪었지
만류하는 아내에게
여기서 죽으나 출근하며 죽으나,
죽는 건 마찬가지라며
탈출구 없는 상황
동굴 같은 병상을 박차고
상반신에 붕대를 감을 채
출근을 했던 것,
직책은 아픈 사람이라서 봐주질 않았지
생활지도 협장교 업무 고사업무 학력관리…
멀쩡한 홍길동인 듯
동에서 번쩍 서에서 번쩍하면서도
죽지도 않고 살아났어
목숨 건다는 건 바로 이런 것,
내 일생 가장 빛나는 인간 승리였지.

그대들, 토평의 전설로 남네

- 두 번째 졸업생을 보내며

아는가
가을 햇살에 반짝이는
사과 한 알의 눈부심에도
비바람 아린 역사가 얼룩진 것을
한 떨기 꽃잎에도
망울 터짐의 아픔에서 피어나는 사연을.

지난 해, 그대들의 교실은 참으로 위대하였네
잘하거나 못하거나 관계없이
넉넉하거나 부족하거나 관계없이
세상 어느 구석에도 한결같이 채워지는
바다의 넉넉함을 배우며
조급하지 않게 그러나 꾸준함으로
추우면 추운 대로 더우면 더운 대로
조건과 까닭을 걸지 않으며
묵묵히 책장을 넘기던 세월
그대들 정진(精進)함에
창밖의 바람 소리마저 따뜻하였네

의젓함이여
언제나 부동의 자세로

눈썹 하나 까딱치 않는 산맥의 무게처럼
흩어짐 없던 매무새여
교문리 마을 까까머리 어리광쟁이로 자라
토평에 입학하여,
밤 늦도록 친구들과 함께 교실 복습
한국 최고의 명문대 붙어
오대양 육대주의 경영을 야망하고
남과 견줌없이 자신의 부족함을 메우는
반듯한 마음 한 가지만으로
오로지 학교 공부와 자학자습,
최고의 신문방송학과에 붙어
한국방송의 정음(正音) 의지 불태우고,
단 하루 지각도 없이 초롱초롱 빛나던 눈빛으로
선생님의 가르침 총명이 응용하여
역시 명문 이공대 붙어
공학계 새 빛을 밝힐 등대지기 꿈꾸는 졸업생들
서울, 수도권 그리고 전국 주요 대학에 수십, 수백 명
시대의 횃불로 소금으로, 젊은 피로
이 나라의 힘으로

토평고 교실은 이미
깨끗하고 출중한 인물들의 산실이요 성지가 되었네
비바람 몰아치는 어두운 밤
새벽은 구름 바다를 헤치고
빛나던 별빛은 여기, 해를 더불고 나와

세상을 밝히느니
기억하라
정진은 고달프나 미지의 문을 여는 열쇠인 것을,
땀방울 보석처럼 빛날 때까지

그대, 토평 땅의 사랑이여, 후예들이여.

교가
- 보정고등학교 교가를 만들다

1

한양관문 삼남대로 아득히 펼쳐진 곳
호국의 임진산 우러르던 옛 터에
빼어난 젊은 인재 구름같이 모였네
인류의 빛이 되고 소금이 되세
정성을 다하여 일마다 보배롭게
보정고교 전진하세 세계를 향하여

2

법화산 뜨는 태양 소실봉에 질 때까지
모교의 전당은 뜨거운 열정
젊은 피 뛰는 혈관 벅찬 가슴으로
수천 년 길이 빛날 명문 이루세
정성을 다하여 일마다 보배롭게
보정고교 전진하세 세계를 향하여

교장 일기

눈망울 빛나는 아이들을 가르쳐
지적으로 기르고
맑은 영혼을 가질 수 있게
교육하는 것을
평생 직업으로 살 수 있다면
얼마나 좋을까?
좋았네,
40년 교육을 업으로 살아왔네
국어 문학 문법 고전
한문 작문 국문학사 문예사조
그리고 언어영역과 논술도 가르쳤네

나는 장관이나 대통령보다
나의 하는 일
귀하고 아름답다 믿으며
내 업의 고귀함과 숭고함을 확신하는
'대한민국 교장'이었네
아름다운 신도시
깨끗한 학교
문을 활짝 열어 지역의 인재를 모아
나의 모든 열정을 쏟으며
나의 인생을 걸고

아이들과 학교를 가꾸는 것에
나의 최후를 걸었네
진실로 목숨을 걸었네
한 번 죽는 인생인데
일하다 죽는 것이 가장 아름다워
하물며 교육하다가 죽을 수 있음에랴!
가장 즐거운 일은 학교에 출근하는 일,
휴일도 퇴근 시간도 없었네
학생들과의 대화는 행복해, 전교생의 친구가 되었지

심야에까지
열공하는 학생들이 가득한 교실
정숙하던 교실 분위기는 숙연하기까지 하여
방문했던 학부모가 신발을 벗고
맨발 뒷꿈치 들어 복도를 걸어야 했던
면학 분위기는
지역 사회에 회자되었네

나는 교육청 시청을 백방으로 뛰어
이 지역에 좋은 학교 만들겠다 호소,
개교 3년 만에 2개 층 강당을 짓고
빼어난 제자들, 식사 시간 줄 서는 것 안쓰러워
2층에도 산뜻한 제2식당을 지었지
도서관 어학실 연주실…
과학실도 배로 확장, 첨단으로 꾸미고

3, 4층 아이들 휴식을 위하여
옥상에 하늘공원을 만들었는데, 철쭉 영산홍이 만발하였지
개교 3년 만에 구석구석 최첨단 인프라를 갖춰.
수능날, 타교생들이 감탄하며
호텔이라며 부러워했네
사고 능력 신장을 위한 수능식 발문형의 독후감 학습장제
읽기와 쓰기 능력을 키우는 특별한 사설-칼럼 학습장제
기본 한자 학습장제
등교 직후 수업 전,
스크린을 통한 전교생 원어민 영어회화 듣기 시간의 운영
밤샘 독서의 날, 독서 후 독후감 쓰기
동아리별 창의적 발표회를 할 수 있도록 시스템화 하여
이 모든 활동의 기록장과 결과물을
3년간 지속적으로 포트폴리오,
전교생 누구나 풍성한 스펙과 실적물의 큰 보따리는
입학 사정관제와 수시모집에 강한 힘이 되어
개교 4년 만에 전국적 우수 명문교의 반열에 올랐고
명문대 합격 축하 현수막이
학교 진입로에 수없이 펄럭거리며
장관을 이루었지
이 기쁨과 성취감은
구름을 타고 하늘을 나는 듯
세상을 다 가진 듯 이런 행복이 있을까
지역사회 40여 개 중학교의 고입 최우수 지망생들이

본교에 입학하고자 문전성시를 이루며
우리 학교 태풍이 불었지
개교 4년차에 신입생 입학 평균점수 182점
전교생이 거의 우등생인 학교
최우수 면학 분위기에 질서 예절 용의 언행의 반듯함이란!
운동장에서나 복도에서나
학생들은 교장선생님을 부르며 따랐는데
가는 곳마다 학생들의 환영, 연호를 받은 일보다
즐거움이 있었으랴,
아침 7시 반에 출근하여
밤 12시 직전, 마지막 학생을 배웅하며 퇴근하는
하루의 시간은 길었지만
아이들과 함께하는 학교의 하루는 피곤한 줄 몰랐네
깊은 밤
공부를 끝낸 학생들이 줄줄이 하교하는 교문에서
한 명 한 명 하이파이브로
일일이 배웅을 해주었는데
'하이파이브 교장'은 학교의 브랜드가 되었지
비오는 날에도
눈보라가 쳐도
어둠 속
학생들이 나가는 교문엔
6년간 하루도 빠짐없이 언제나
교장이 서 있었지.

아쉬움

마지막 졸업식에서
학교장 회고사가 끝날 즈음,
나의 거취를 공개하였네
오늘 졸업식을 끝으로
나는 사랑하던 너희들의 모교에서
퇴임하노라
졸업식장은
어이이 아쉬운 장탄식과 한숨이
터져나왔다

학교엔 언제나
교장선생님이 있어
아이들은 졸업 후 모교를 찾을 때마다
교장실에 들르면
만날 수 있을 줄 알았다고.

퇴임 후에도 졸업식 날
나는 내빈이 되어
졸업식장에 입장하는데
강당은 떠나갈 듯
학생들의 박수와 환성,
반가움의 외침으로

장내 내빈과 학부모들의 시선이
일제히
퇴임교장을 향하였고
졸업생들은
다시 만나는 기쁨으로 장내는 술렁였네

피어오르는 꽃처럼 예쁜 제자들이
불러주고 좋아했던 시절
우뢰 같은 박수와 연호를 뒤로 하고
교문을 나서던
평생 직업의 산뜻한 휘날레!
나는 자랑스럽고 행복했던 교육자
대한민국의 교장이었네.

퇴임 후, 처음 만난 졸업생들에게

내가 학교에서 퇴임한 후
다음해 졸업식에 초대받아
내빈으로 식장에 입장하는데
졸업생들이 일제히 일어서서 돌아보며
"교장선생니임"
환성을 지르며 방방 뛰었다
엄마와 헤어졌다가
오랜만에 만난 어린아이처럼
얘들아 일 년간 이렇게 그리웠느냐?
두 손 마주잡고
또 얼싸안고 싶은 마음 너희와 같구나

너희들의 예리한 눈매는
맹목은 아니었을 터,
너희를 위한 일에
아쉽고 부족함 있었겠지만
나의 마음과
또한 뜨거웠던 땀과 눈물을
믿고 따른 너희들이
'민심'이었나보다
함께 살아온 교정에서
떠난 기간 간절히 그리워했음에

고맙고 눈물난다

교직에서 살아온 외길
평생의 휘날레, 교장 시절

수천 명 너희들의 사랑이 넘쳐
최후의 행복이 과분하였으니
얘들아, 나의 일생 여한이 없구나.

정년 퇴임식 날에

한 시절이 꿈인 듯하네.
스물여섯 앳된 청춘 시절
냇물에 띄운 종이배[4]는
어디를 흘러 오늘, 여기에 이르렀는가?

나의 교장 시절은 퇴임식 바로 전까지
참으로 바빴네
퇴임식 직전, 교장실에 찾아온 이○호 선배 교장님께
차 한 잔 겨우 드리고
대화도 못한 채,
퇴임사를 바쁘게 손질하여 식장에 입장하였지.
그 분은 총총 떠나셨네.

우리학교 대강당.

나는, 아이들이 운동장 차가운 땅바닥에서
입학식과 졸업식을 해야 되는 안타까움을 도저히 참을 수 없어
강당 신축을 염원하며

---

4 Paper boats, 인도의 시인 타고르(Tagore)

과하지욕(胯下之辱)[5]의 심정으로 이곳저곳 관청을 뛰어다니며 호소, 예산을 지원받아
멋지고 예쁜 2개 층 강당을 완공하였네

개관식 후, 우리 학생들은 축제 전야제를 펼쳐
새로 지은 강당에서 춤도 추고 노래도 하고… 행복하였지
다음날은 동아리별 전시회, 셋째 날은 KBS '도전 골든벨'을 열었네,
그해, 대강당 개관식을 시작으로 한 가을 축제는 아마도
무천(舞天), 영고(迎鼓)에 못지않은 학교사적 경사였을 것이네.

강당을 누가 올렸는지 아무도 관심 없겠지만
내 인생 최대의 보람,
여기서,
나의 정년 퇴임식이 있을 줄이야, 감개무량하네.

오늘, 퇴임식 날 식장 맨 앞 무대 위에는
"송공(頌功), 주세훈 교장선생님 퇴임"
대형 현수막이 가로지르고
강당 오른쪽, 2층 난간에는 상시 게시되는 큰 현수막,
"우리는 보정고등학교를 너무 좋아합니다"

---

5 전국시대 명장 한신(韓信)의 고사, 큰 뜻의 성취를 위해 욕됨도 참음

반대편에는 "수직 상승 밝은 미래, 최고 명문 보정고"
나는 이 표어를 좋아하였지.

수년간 고등학교 예능 발표대회에서 고등부 최우수상을 거머쥐던
우리학교 70명 똑똑하고 예쁜 오케스트라 연주단이 맨 앞자리에 연주석을 마련,
겨울방학 중 나의 퇴임식을 위하여 준비했다는 선율을 펼치네.
나는 평소 교내 순회 중,
우리 오케스트라 반 아이들이 점심 시간에도 짬을 내어
합주를 하는 신통한 모습을 지켜보면 참으로 행복하였지
때로는, 교정에 내려앉는 저녁 노을 속 우리 아이들, 운동장 스탠드에 나란히 서서
베토벤과 바하를 연주할 때는 하늘에서 내려온 선남선녀들이 잠시 교정에 머무는 듯,
이런 아름다운 풍경을 선경(仙境)이라 하지 않겠나?

사랑하는 제자들이 나에 대한 의리로
아쉬움 속 다시 만남을 기대하는 노래들을 찾아서 연주,
아름다운 분위기를 만들려 애썼네
교감과 신한우 교무부장은 정갈하고 짜임새 있는 계획으로 인도(引導)하고
방송부는 전체 정리와 장비를 빈틈없이 챙기고
교사들, 그리고 학생회는 단상에,

꽃이 가득한 정갈한 탁자를 꾸미고 교장 내외석을 가지런히 마련하여
나와 나의 아내를 예우하였네.
내빈 소개 후,
나는 아내 윤난수를,
내빈과 전체 학생들에게 소개하였네.
오랜 세월 내조에 헌신… 찬사와 함께
아내는 30대처럼 젊고 아름다운 모습으로
단상에 고이 서서 사뿐 인사를 하였네
학생들은 와, 좋아하며 우뢰와 같은 박수를 보냈네.

어느 날이던가 운동장 조회 후,
전교생 앞에서 비욘세의 Halo를 열창하여
학생들 사이에 스타 대우를 받던 이○주 양이
평소의 그의 재능을 칭찬하여온 것에 대한 보답인 듯
석별의 정을 담은 송축의 노래를 불렀네.
작년 가을 축제 전야제에서 헌화(獻花)의 노래였던가,
관중을 숨을 멈추게 한 멋진 노래를 불러
가창부문 1등을 했던 그 아이,
내내 꽃 한 송이를 들고 노래하였는데
그는 노래하며 안무를 펼치며 유연하게 객석으로 내려오더니
관객 중 맨 앞에서 관람하던 교장에게 그 꽃을 바치는
즉흥적 연기로
관중들의 박수를 받았지. 나는 받은 그 꽃을 관중을 향하

여 높이 쳐들어 화답하였네.
고맙다, 이 장면 또한 잊을 수 없겠구나

어제는 졸업생을 보냈고 오늘은 2학년 전체가 나의 퇴임식에 참여했네.
1학년은 각 교실 유선 TV로 식장을 동시에 지켜보고 있네.

학교의 기반을 세우는 데 큰 도움을 주신
초대 학운위장 강경윤님, 2대 임만규님, 3대 신영진님
1, 2, 3학년 학부모 회장… 그리고 교감 때의 고주훈 교장님과
토평고 역대 학부모 회장[6]이 구리시에서 아침 일찍 출발, 참석하셨네.
고향의 큰 형님 내외분, 우미와 사위, 주리아
졸업 시즌임에 고루 초대를 하지 않았으나
용인고 풍덕고 성지고 대청초 교장님들[7]…
분당에서 김기권 교장님 포천에서 황행일님
이 밖의 지역의 많은 손님들과 선생님들,
그리고 혼자 키운 외손녀를 잘 보살펴줘 고맙다고 이○영의 할머니가 찾아오셨네.
그런데, 가장 중요한, 반가운 나의 손님들,
학교를 떠난, 졸업생들이 열다섯 명이나 찾아와 왔네.

---

6 황주영, 박선화, 김해옥, 김인화 외 임원 김수자, 김은숙
7 류해철, 류수열, 하상은, 정영규

이제 대학생 되어 넓은 세상 새처럼 훨훨 날던 아이들,
모교 교장 퇴임식 소식에 둥지로 찾아오다니
정말 고맙구나.
남녀 교사 대표로 김○진 선생과 이○윤 선생의 꽃다발
총학생회 정부회장 강○식 군과 박○현 양 그리고
동창회, 전 총학생회장 강○ 군과 김○현 양이 꽃다발을 들고 단상에 올라왔네.
고맙다
잊지 않으마
잊지 않으마

총학생회 정·부회장의 화답식 송축사에 석별의 아쉬움이 넘치네
이○선 선생이 지휘하는 우리학교 대형 오케스트라반의 송축 연주를 끝으로
전원 일어서서
스승의 노래 제창,

나는 너희들과 함께
흙 한 줌 나무 한 포기 건물 한 모퉁이에도 빠짐없이 발길, 손길이 스친
이 교정, 뼛속 깊이 정든 우리학교에서
우리 모든 아이들과
빛나는 눈망울을 일일이 맞추고
뜨겁게 배움의 열정을 불사르며

함께 뛰고 승리한 세월을
가슴에 문신처럼 새기리라.

교가를 제창하다
현직 교장으로 최후, 함께 불러보는 교가,
식장이 숙연하다
마지막 소절,
"보정고교 전진하세 세계를 향하여"
나는, 눈시울이 붉어졌네.

제4부.
세월

풀잎을 스쳐온 바람

풀잎을 스쳐온 바람은
안면도 남쪽 해안 바람아래[8]로부터
조개산 휴양림 솔숲을 지나
뚝섬 유원지의 플라터너스
꽁꽁 언 한탄강 그리고
포천천 겨울 바람으로 스치다가
드디어는 용뫼산 길 풀섶에 머물렀네.

임이여 물을 건너지 마오 호소하던
백수광부 아내의 애절함도
구슬이 바위에 떨어진들 끈이야 끊어질까[9]
고려 여인의 결기 있는 이별도

애타는 가슴 까맣게 탄 채
밤잠 못이루며 시렸던 생애, 떠난 사람들의 눈물도
바람의 전설이 되었네

바람아래의 바람은
산을 넘고 물을 건너고

---

8 안면도 장곡리 동편, 해안의 사구(沙丘)가 있던 긴 백사장

9 서경별곡에서

숲 속에서, 황야에서
꽃피는 계절에 녹음 우거진 숲을 지나
눈 내리는 겨울 마른 풀잎 사이를 거쳐
여기에까지 이르렀네
이제, 바람이 스쳐온 풀잎들도
물이 되고 흙이 되고
한 점 먼지가 되어 바람 속에서 휩쓸리다가
마침내는 바람이 되네

풀잎을 스쳐온 바람은
수천 년 풀잎을 스치면서 떠돌다가
다시 행인의 옷깃을 잡으며
바람 나라의 전설을 노래할 것이네

바람은 다시 돌아와 말을 하네.

아버지 (1)

아버지는 말씀이 없으셨다
누구를 탓하거나
세상을 원망하는 일도,
회초리를 드는 일도 없으셨고
불효를 말씀하지도 않으셨다.

한때 보릿고개를 막지 못하셨고
유산을 물려주지도 못하셨으나
펄펄 뛰는 오남매를 길러내기까지
적수공권(赤手空拳) 아버님의 손은
기적을 만든 요술의 손

그러나
땀과 피가 맺힌 일생이었다.

아버님 누워계신 당산 아래
소쩍새 불여귀 울어 제끼는 오월에도
아버님은 아직도 살아계신다
앉으나 서나
눈앞에서
묵묵히 아른아른 그냥 계신다.

아버지 (2)

1

아버지는 늘 바쁘셨다.
정월에는
토정비결 보러 오는 마을 사람들,
사주를 보러 오는
수심 가득한 노인들,
새로 태어난 아들 이름 지으러 오는 아범.
아무런 댓가도 보답도 바라지 않는
아버지의 남을 위한 일은 일상(日常)이었다
새로 지은 집 상량문 써주기,
초상집 묏자리 봐주고
수십 수백 개의 만장 써주기,
만장은
승천하는 용의 등줄기처럼
아버지의 일필휘지는
이 마을에 아니 수십 리 밖까지
깃발처럼 펄럭였다,
힘 있게 꿈틀거렸다.

2

시절은,
거리의 간판도 문서도
온통 한문의 나라
인근엔 중학교도 없던 농촌 마을
젊은이들이 까막눈인 시대,
농한기 청년들은
아버지를 스승으로 모셨다
아버지는 창호지에 가위질로
수십 쪽 겹책장을 만들고
해서체로 천자문의 무려 1천 자를
또박또박 써서
기름을 먹여 책을 만들었다.
10여 명의 청년이 모이면
몇 날 밤을 새워
10권의 천자문 책을 만드셨다
야심한 농촌의 겨울 밤엔 날마다
“천지현황하고 우주홍황이라
일월영책하고…”
글 읽는 소리가 노래처럼
낭낭하고 구성졌다.
동네 청년들은 나잇대별로
1기 2기 3기…
아버지의 한문 교육을 필하였다

천자문을 끝내면 동몽선습, 이것이 끝나면 명심보감…
동몽선습은 세필(細筆)로
한 자 한 자 깨알같이
열권을 써서 묶었다.

3

아버지는
해방된 나라, 그러나
피폐했던 농촌의 봉사꾼이며
무급의 교육자이셨다
돌이켜보면,
동양의 시바이처가 아니셨던가!

눈이 내린다
고즈넉한 고향 마을의 겨울밤엔
청년들의 글 읽는 소리가 들린다

"천지현황하고 우주홍황이라
일월영책하고…"

아버지 (3)

1

아버지가
이립(而立)의 나이에 혼인한
이듬해,
할아버지는 허씨의 중선배에
전 재산을 걸었으나
허씨의 중선배가 망하면서
채무자가 되어 전 재산을 빼앗기는
절망을 만나셨다.
빚쟁이는 뒤주를 뒤지고
절구에 남아있던 보리쌀 한 되마저
퍼내어갔다
할아버지는 홧병으로 사경을 헤매다가
돛줄 올려라
키 잡아라
헛소리 내지르시다가
입술이 새까맣게 타들어가며 작고하셨다
혹한이 엄습한 가혹스런 청춘이었다.

2

그러나 일어섰다
면답 바닷가 귀퉁이를 막아
갯벌에 논을 만들고
새선지 저수짓가 자갈밭을 파헤쳐
손가락에 피멍들며 돌자갈
수천 망태기를 골라내고
논을 만들었다
30리 산골짜기 깊은 갈매기
소나무를 찍어 끌어내어 뗏목으로 엮어
만조에 20리 바닷물을 헤짚으며
마을 앞 통개에까지 다다라
수백 번 지게질로 재목을 끌어다가
새집을 지었다
서까래와 들보
기둥들이 번듯하고 마룻장도 반듯하였다.

3

시조를 잘 읊으시고
술 또한 즐기셨다
나는 소년 시절,
아버지의 색다른 문건(文件)을 본 적이 있는데

통소 악보였다
아버지의 피리 소리는
끊어질 듯 이어질 듯
구곡간장을 에이었다.

4

적수공권(赤手空拳)
건강하신 오직 육신 하나뿐으로
운명과 싸워 이기려 애쓰시며
가정을 일으키셨다
낭만이 만조처럼 가득한
예능인이셨다

가혹한 시절과 맞서 싸워 식솔을 살리면서
인정과 풍류가 넘치시던,
아버지의 억세고도 다사롭던 역사
이제
하늘과 땅이
기억하실까.

낙화(落花)

화무십일홍의
벚꽃이
온천지에 백설같이
분분히 날리어
길섶에 가슴 속에
시리도록 쌓이는구나

꽃이여
너는 왜 눈부시게 피어
가슴 벅찬 설레임으로 다가서다가
이리 금새 바람결에 몸을 부수고
처연이 길가에 흩날리어
눈물로 뿌려지는가

슬퍼도 슲단 말 못하고
아파도 웃음으로 다가선
애타는 그대
천지에 화려한 날개를 거두고
곡예사 부챗발 접듯
산화(散花)하는
꽃이여.

큰딸

엄마와 외갓집에 갔다 오며
씨암탉 한 마리를 얻어오다가
마장동 시외버스 터미널,
사람들 북적대는 대합실
화장실 갔다 올 동안 이것 지키고 있어라
잠시 후 와보니
5살 큰딸은 행여 남들이 가져갈세라
초병 경계보초 서듯
두 눈 동그랗게 뜨고
자신보다 큰 닭을 짧은 팔로 우산처럼 펴서
병아리 품듯 몸으로 덮어 지키고 있었다고.

6살 어린 나이에 초등학교 입학하여
볶음머리한 채 학교 운동장 맨 앞에 서서
병아리 어미닭 따라가듯
선생님의 하나 둘에 셋 넷을 복창하며
아장아장 따라가던 큰딸.

내보기에는 언제나 품안의 애기
혼자 다녀올 수 있을까,
아빠는 중학교 소풍까지 따라갔었지.
동급생보다 늘 어린 나이로도 뒤지지 않고

험한 시험지옥을 버티며 내내 공부도 잘하였지
그러나, 땀 흘린 값을 제대로 못 받아 아쉬웠는데
성실하고 책임감 있는
그 녀석의 20대는 안쓰럽고도 예뻤다.
언젠가 둥지를 떠나 새처럼 날아가 버리면 어쩔거나
생각만 해도 가슴이 저리며 눈물이 났었지

여제(女帝)의 노래에

떠밀리는 세월은
벗어날 재간이 없구나
터무니없는
청구서에 놀라듯
나이의 수치가 황당한데
고즈넉한 노을에
아련히 스며오는 이미자의 노래
70년대 여황제,
그녀의 노래에
달관(達觀)의 우수가 젖어 있다

소싯적, 가슴 두근거리며
'꽃가마 타고 말 탄님 따라가던'
'아씨'의 길
갖은 시련 풍파 다 겪은 후 이제,
영화는 가버리고…
아씨, 고희(古稀)쯤이었을까,
'한 세상 다하여 돌아오는 길'에
떠오르는 앳된 시절
'여기던가 저기던가'
녹의홍상의 청춘이 엊그제 같던 그 길에
복사꽃은 만발하였네

무상하다
'돌아오는 길' 하늘가에
노을은 왜 저리 고운가

우리들 마음속
깊고 깊은 우물에 고여
아직 퍼올리지 않은
눈물 한 대접이
그녀의 노래에 남실거린다.

동생

60년대 중반
우리 삼남매가 뚝섬에서
자취 생활을 할 때

방바닥이 싸늘하였고
툭하면 연탄불은 꺼져 있었지
차가운 방에서 떨면서
소름 돋아 초췌하던
너의 얼굴, 지금도 가엾고 안쓰럽다

그 시절의
너와 나의 기억에 젖어 있을
우울한 일기는 쓰지 않을련다
바람 부는 밤마다
문풍지 소리에
멀리서 어머니는 얼마나 많은
불면의 밤을 지새우셨을까
오늘,
어렸던 우리 아이들, 수천 리 타향에
떼어두는… 생각에만도 마음이 저려온다

세월은 저만큼 흘러 너와 나

백발 성성한데
나목(裸木) 같은 시절의 추억이 마음 한 켠에
봄바람 옷깃에 스미듯
또한 아련하기도 하구나

오늘, 우리

꽃이여,
향기에 취하지 말고
푸름을 자랑 말라.

허전한 길가에 어느덧
검버섯 얼룩진 낙엽이 구르는,
바람 같은 세월이 옷깃을 스친다

삼단 같던 머리채 휘날리며
태풍이라도 지나가듯
잰 걸음 바람 일으키던 우리의
발자국은 뚜렷하다

이제, 세월에 머리를 숙이며
다시 떠오르는 아침 해의 따스함을
기대하자

피었던 잎, 시들어도
향내음,
뼛속 골수까지 그윽하게 채우면서
가을의 뜨락

한 잎 낙엽으로
가벼이 내려앉을 때까지.

막내야

마음에 삼킨 눈물 방울이
이제는 차라리
진주가 되었으리
그날 저녁 밤 잠 못이루며
차마 떠나지 못할 혈육의 책상머리에
너의 기원처럼 애처로운
어디선가 구하여 온 손톱만한
해마 한 마리.

몰래
어설픈 촛불을 켜고
지푸라기 하나에 매달리는 조바심으로
밤잠 못이루며 기원하던
너의 조바심이 오히려 가슴을 에이던 밤
막막함에 촌각을 견디기 어려운 심정
막연히 하늘에 기대었다.

산 너머 길가의 빈 밭에서
마지막으로 세상을 밟은 신발이며
지상의 바람을 스친 옷자락, 그리고
가엾은 몇 가지 세간을 보내주기 위한,
허망한 의식(儀式),

태워 오른 불길에 절망하던 날

진한 눈물 가슴에 박힌 못으로 남고
늘 텅 빈 집안…
어떻게든 채워보려 하던
너의 웃음에 오히려 눈물이 비치는 것을
모른 척하며
하루하루
애먼 세월만 축내던 세월이었다.

막내

네가 아무도 모르게
무려 오천 명이 겨룬
전국적으로 이름 있던 큰 백일장에서
바늘구멍에 낙타 들어가듯
장원 다음의 '차상'을 받았지
그 해, 대학주최의 알아주는 글짓기 대회에서
우수상을 또 받았어
너의 학교에서 일약 유명 학생이 되었다지.
초등학교 때 시내 글짓기대회에서
최우수상을 받아
보름달만한 접시로 만든
시장님 상패를 받아온 적은 있었으나
그 이후 중학교 때까지 아빠는
너의 성적표만 볼 줄 알았지
땅 속에서 무 자라듯, 너의 안에 그런 재주
커가는 줄도 몰랐구나.
재주만이겠느냐
말 없던 고심과 흘린 땀은 얼마일까

이제,
중, 고등학교 대학입시 제자들
줄서서 너의 글재주 배우기를 기다리니

대견하다.
그 아이들도
음덕(陰德)의 큰 나무로 자라서
펼치는 그늘이
또한 세상에 가득하겠구나.

수칙

점잖은 사람[10]이 첫 번째 지킬 일은
말을 적게 하고
그 다음은,
말을 하되 작게 하고
잔소리도 말고 큰소리도 말라네
아는 척도
응석도 부리지 말고
젊은이를 질책도 말라네
욕망을 줄이고
밥도 적게 먹어야 하고
그러나
주머니를 열어 베풀어야 한다네

점잖은 사람이여
보일 듯 말 듯
보이지 않게 살아야 한다 하네

열 번째 지킬 일은
상처와 설움도
외로움도

---

10 젊지 아니한 사람, 노인

감수해야 한다는 것이네
저문 날 스산한 바람에
지는 한 잎의 낙엽처럼
뒤돌아보지 말고
그냥 비켜가라 하네.

건망증

커피포트를 꽂아놓고
물이 끓는
채 일 분도 안 되는 순간에
그만 잊어버린다
물은 타버려 재가 된다

방금 커피를 잊었다는 건
그 순간 커피에 대하여 망각한 것,
없음을 느끼지 못하는
잊음의 미학이다.

잊는다는 것은
필요가 없다는 것,
건망증은 필요치 않은 것을
버리고자 하는 방임의 생리인가

잊는 일은 점점 늘어나고
기억은 점점 줄어든다
건망증은
내려놓은 것이요 놓아주는 것이다, 그리하여
내려놓아서 편안함을 추구하는 본능,
건망증은 자유로움의 욕망이다.

회한(悔恨)

자취하는 아들의
식량 두어 말씩이나
머리에 이고
삽십 리 들길 산길 걸어
지루지 고개까지 배웅.
보따리 받아 등에 메고
저 건너
중장 고개를 타박타박 넘어가는
아들의 모습 애처러워
차마 발길을 돌리시지 못하고
서 계시던 어머니.

영목까지 20리를 걸어
뱃길로 오천,
또다시 오천에서 진죽역, 30리
눈보라는 앞을 가리는데
아슬아슬 미끄러운 논뚝길을 걸어
천리 먼 길 배웅.

터널을 걸어가듯
어두움이 막막하던 시절
무너지는 한숨과

뼛속까지 스미는 슬픔
어머니의 세월은 날마다
가시밭길이었다

책상머리에 떠오르던
어머니의 모습은
객지의 미로에서 언제나
어린 시절 양심을 지켜주신
회초리가 되었다

어머니의 흙을 밟고
한 그루 제법 나무로 자라면서
따뜻한 밥 한 상 모시지 못한
쓰라린 회한
언제나 불치병처럼
가슴에 저려온다.

눈새

그곳에 가면 눈새[11]가 있다
그의 큰 날개로
수십 킬로 록키의 산자락을 두르고
나래짓을 하고 있다
우리는 눈새를 보며
수만 년 비상하는
그의 자유를 부러워할 밖에 없다
쉬지 않는 영원한 에너지와
가슴 벅찬 날개짓,
커다란 아우름으로 하늘을 끌어안으며 훨훨 나는
완만한 움직임
날개 자국 따라 선명히 그려지는 아름다운 율동에
그만 숨이 막히고 만다
어디로 향하는가 그의 날개짓
아직 여름 하늘 차가운 체온으로
산골짜기 서늘히 식히며, 끊임없이 벽계수로 흐르면서
천만 년의 새가 되어 오늘도 난다
한 방울의 작은 물방울이 가냘픈 눈꽃이 되어
수없이 쏟아졌을 터이지만
이 가뭇한 바람 앞의 낙화들이

11 캐나다 록키 산맥의 어느 산상 빙하의 이름

수억 년 나래를 접지 못한 눈새로 남아
그의 날개깃, 루이 16세 시대 쌓였다는 눈이 녹아
록키의 골짜기, 수명 다하고 쓰러진 소나무를 띄워 내려
간다
사람들은 태어나고 늙어 땅에 묻혀
드디어 한 방울 눈물이 되어
겨울 어느 날 눈새의 새로운 깃털 한 오라기가 된다
거기 눈새는 영원한 날개다
세사(世事) 한없는 애증의 펄럭임이다.

늙음에 대하여

늙음은 어쨌든 피할 수 없다
오늘 하루를 살고 나면
하루만큼 줄어드는 여생이여.

아이의 얼굴은 볼수록 예쁘고
노인의 얼굴은 볼수록 우울하다
피는 꽃은 향기가 나지만
지는 꽃은 추레하다
오랜만에 만난 친구의 눈에서
늙음이 읽힌다

속절없음이여
차마 말은 못하고
마음속으로 친구의 늙음을 연민할 때
친구도 그의 눈으로 나의 늙음을 탄식한다

들에 백화난만하고
피는 꽃들의 향이 흐드러져
온 세상에 범람하는데
어느 곳엔가는
시든 꽃의 잔해들이 널부러진다
불어오던 실바람이 사라지듯.

세월 (1)

천지산천에
꽃은 피어도
흩날리는 잎은
바람에 소슬하네

꽃잎은 피었다 지고
바람은 옷깃을 스쳐 지나가네
냇물은 바위를 휘돌아 흘러가고
구름은 하늘에 머물다 사라지네
연줄 같은 인연도 감감하고
다정했던 사람도 소식 없네
정든 사람들 이제
일엽편주에 몸을 싣고
강을 따라 흘러
가뭇하게 멀어져가네.

세월 (2)

오월에 심은 묘판,
떡잎 같던 가지가
7월이 되니 주렁주렁
어느 놈은 이미
야구 방망이마냥 자라
그새 쇠었다

이사올 적
아파트의 승강기에서 마주치던
유치원생, 초등학생들이
얼마만에 보니 중학생이 되었고
또 다른 날에 마주치니
물오른 처녀 총각으로 자란 모습
놀랍다,
그들의 싱그러움에 눈이 부시다
동네 아저씨였던 나는
해마다 졸아들어 등도 굽었다

젖내음 나던 어린아이들이
눈 깜짝할 순간에
혼기에 다다른 신사 숙녀가 되어
늘씬하게 서 있는

신기루 같은 세월을

망연(茫然)하게 바라본다

'성남펜' 일화(逸話)
- 한찬우, 너로 하여

우리들의 문학 활동은
설레이고 수줍던 사춘기,
봄꽃과 같던
30대를 넘어
90년대에는, 여름의 푸른 나무처럼 물씬물씬
기력도 왕성하였지.
주머니 돈 털어 지역 문학지를 발간하였는데
창간호를 낸 지 10년간 열 번,
'성남펜', 지금 펼쳐보니 대단한 것이었네
아무런 댓가와 보수도 없이
동인지를 넘어
'문학을 통한 사회에의 기여와 애향심 고취'
각종 토론회와 지역사랑 백일장, 글짓기 대회
감히 '지역문화 발전을 위한'
여러 가지 행사까지 주관하였지.
무모한 열정인가 천사의 노고(勞苦)이던가,
어쨌든 이즈음
동해 청년 한찬우가 성남펜클럽에 들어왔는데
어느 날, 남한산성 야유회 때
젊은 광진이와 함께 수어장대까지
막걸리 통을 들어 날랐지

대부분 교사문인이던 선배 회원들과 어울리던 그때,
가끔 참석했던 그는 허드렛일을 도우며
술 한 잔에 얼굴이 붉어지고 있었지
동해가 보이는 태백의 어느 마을에서
세탁소를 했다는 그의 짧은 이력
그런데 성남에까지 와서 무얼 하며 살았을까
우리는 묻지 않았지
천 년을 어우러질 것 같던 회원들은
유야무야 흩어지게 되었고
마냥 세월은 흘렀는데, 웬걸
태백에 돌아간 한찬우의 우편엽서는
해를 거르지 않았네.
해마다, '스승의 날을 진심으로 축하'한다는
한찬우발(發) 우편 카드는
그 시절, 그에게 무엇이 트라우마가 되어
그는 20년간 거르지 않고 스승의 날마다
카드를 보내는 것일까.
'성남펜' 사람들은 흩어졌고
그때 뿌린 '문학을 통한' 씨앗의 무엇이
지역 문화에 남아있는지 모르겠지만,
한찬우의 엽서 카드는 오늘도
회원들을 찾아
동해에서 이곳으로 끊임없이 날아온다
아니, 그때 뿌려진 작은 문학사를

설화처럼
20년간이나 면면히 오늘에 전하고 있다.

제5부.

법원, 조정(調停)

법원, 조정(調停)의 테이블에서

갑자기 부인이
아이들을 두고 집을 나갔다[12]
무슨 사고를 당한 것은 아닐까?
걱정하며 찾아다녔지만 찾을 길은 없었다
하늘이 무너졌다
아내와 20년 살아온
주마등같은 지난 세월이 눈물난다
입안에 혀같이 갖은 응석 다 받아주던 아내
친구와 술타령에 늦은 귀가에도
토끼같이 집안에서 기다리던 달콤하던 아내
보이지 않으니 더욱 애가 탄다
그러나 생각난다
어느 날 아내의 폰에서 닭살 돋게 속삭이던
외간 남자의 카톡
딴 남자와 가출했다는 결론.
배신감과 분노로
매일 두어 병 술을 마시잖고는 잠도 못 잔다
아이들아 너의 엄마는
우리들보다 딴 남자를 더 사랑하여 따라 나갔다
다 잊고 우리끼리 살자

---

12 위 시 사례는 '자녀 중심 가사 재판(장창국 판사)'에서

아이들을 끌어안고 엉엉 울기도 했다
어느 날, 부인의 솟장이 날아들었다.
그동안 할 만큼 다했으니
변함없는 남편이여 이혼을 해달라
처음 보는 솟장,
옛날 옛적 처음 만날 때부터
기억에도 없는
차마 누가 볼까봐 겁나는 창피한 폭로들.
보아라 애들아, 너의 엄마가
이렇게 거짓말을 하고 있구나
자식에게라도 말하지 않으면 가슴이 터지는 남편.

법정에서 만난 부부
에미로서 이럴 수 있는가 악을 쓰니
신변보호를 요청하고
평소 폭력을 했다며 진단서 제출.

여기는 전선(戰線)이다
전우의 시체를 넘어 폭우와 폭설을 뚫고
때로는 구조물에 몸을 숨기고 소총을 쏘는 시가전
개울을 건너고 강을 넘어 다리가 끊어지면 부교를 놓고
능선을 기어올라 참호도 파고
엘엠지 갈겨대고 수류탄도 까던지며
수륙전 산악전 산전수전
전진하여 수복하고 후퇴하고 다시 빼앗기고

얼마 후, 양측 기진맥진 휴전의 메시지를 보낸 후
한 치의 땅이라도 더 차지하려고
백마고지를 등 뒤에 두고
마주한
판문점의 휴전회담장,
원피고, 조정의 테블이다
사랑의 파랑새는 날아가고 실탄같이 싸늘한 증오만 남았다
친권 양육권 면접교섭 재산분할…
양측은 지쳤다

증거가 있으니 이혼 사유는 된다
위자료도 1,000만원은 받아들인다
엄마가 양육을 안 하겠다니 양육자는 아빠를 지정한다
양육비 청구도 필요 없다, 오직 이혼해 달라
아, 조정은 끝났다?

아니다, 아니다
사건은 끝났으나 이건 형사(刑事)가 아니야
엄마를 결손한 어린 자녀의 마음은 어디를 방황할 것이며
부부의 사무치는 한은 영원한 가시가 될 것,
평생 가슴을 찌르게 될, 그 상처는 어찌하나?
양육비 안 받는 빈손,
남루한 모습으로 떠오르는 자녀들이 가엾다.

다시,
지뢰밭 넘고 넘어 발목지뢰를 피하며
휴전을 위한 전장(戰場)은 긴장된다
조정의 저울은 아슬아슬
오늘도 무당처럼 작두의 칼날을 탄다.

손수일 선생님

처음,
수원지방법원
조정위원회에 들어왔는데
저 멀리 단상에서
청아하고 낭낭한 음성.
온화하고 명쾌하게
그리고 좌중을 한 눈에 담고
옥돌 구르듯 맑은 소리로 축사를 하던
선생님의 온화한 카리스마.
감히 범접하기 어려운 분이었으나
시인보다 넘치는 시심으로
호수의 잔잔한 물결로
다가왔지요.

한국 최고의 법대에서
최고의 법학 박사, 깊고 넓으신 지성으로,
대구에서 수원에서
판사님으로 부장판사님으로
이후 변호사님으로
공명정대함, 드높았던 명성.
사법정의를 위한 한 평생의
빛나는 땀방울이 아름답습니다.

심판은 의로우셨으나 추상같았으며
의리는 바위같이 견고하셨고
인정은 햇볕같이 다사로와
어두운 세상에
법조 거리의 가로등으로 밤길을 밝히고자

수원 경기 아니 더 너른, 발 닿는 곳까지
하늘에서 부여받은 양심과 인권을 지켜
과연 살 만한 세상을 만들어보자고
뜻 모아 조정위원회를 이루고
수년간 아우르고 어우르고 땀 흘리고 다지며
애쓰고 공들임으로

고매한 뜻,
수원고등법원과 수원지방법원 조정위원회의
풍속이 되어 면면한 미풍으로 옷깃에 스미네.

따뜻하고 아름다운 사람
손수일 선생님,
꽃다운 이름과 향기가 백년을 가네[13]

13 유방백세(流芳百歲), 중국 동진(東進) 명제(明帝)의 사위 환온(桓溫)의 고사

조정(調停) 일기

상근 조정위원이 되어
지방법원에 나가다

한쪽이 솟장을 내니
부부는 원고와 피고가 된다
갈라서는 싸움은 전쟁보다도
치열하다

솟장을 받아본 쪽은
자신이 배은망덕에 불성실 무책임
폭력에 파렴치짓
모텔 단말기 영수증, 통화 녹취록에
불륜여행 사진들, 블랙박스 동영상…
천하의 패륜이 따로 없구나
답변서를 송달하고 생각해보니 기가 막히고 원통하다
부부는 거의 원수가 된 채
원고 피고가 되어 외나무 다리에서 맞선다

잘 살아보겠다고 허리띠 졸라매며
알뜰살뜰 수개 년간 함께 마련한 아파트 한 채
나누기 방법으로 다투기 몇 개월째,
갈라서기로 작정하니 모든 것이 싸움거리가 된다

한 아이를 놓고
네가 키워라, 아니다
때로는 전략상 고집도 하고
솔로몬의 지혜도 없이 서로
애꿎은 아이의 팔을 잡아당긴다

눈에 넣어도 아프지 않은 내 새끼
양육비까지 대주면서
원수에게 넘기다니 피눈물 난다
소장으로 선공하니 답변서로 되받아치고
이제, 나도 참을 수 없소

사치 낭비에 잦은 음주에 폭력, 늦은 귀가
불륜하고 가정을 유기한 죄,
위자료 덤뿍 얹어 반소로 맞대결.
분을 못 참아 땅을 치다가
통곡도 하였으리

상대방에 보낸
소장의 동기는
오히려 자신의 유책 사유일 수도 있는 것을[14]
원 · 피고의 눈에는 거울이 안 보여[15]

14, 15 원, 피고 중 한 편이 분명하게 억울한 일을 당한 경우도 있음과 불미한 사연들이 없는 부부의 경우에도 혼인생활의 유지보다 정리하는 것이 오히려 건강하고 행복한 삶을 획득하는 데 있어 바람직하다고 판단되어 이혼하는 사람들도 있음을 밝힌다.

나와 안 맞는다고 상대방을 탓하고
자신의 욕구가 강하여
상대방을 다스리려 하고
공격적이어서 까칠한 말로 화나게 하고
본인의 화는 참지 못하고….

조정위원은
달인(達人)의 묘안으로 때로는,
천사의 입으로 애써보지만
조정은 불성립
가사조사 후, 변론 기일을 정하겠노라는
판사님의 조치

이미 깨어진 그릇은 버릴 밖에 없지만,
그러나 아쉬움은 남네
찢어져 갈라서기 위한 치열한 에너지로
차라리 당신에게 나를 바치리라
서로 존중하고
불안한 마음 다독여주고
건네는 말을 곱게 하고
갱년기 별난 증세를 헤아려주고
함께 보듬으며 잠자리에 들면서
가는 말 고왔다면 오는 말 고왔을 것을…

만추의 노을 저녁 들판에서
기도하는 만종(晩鐘)의 부부가 되어[16]
검은 머리 새하얗게 빛이 나도록.

16 만종(晩鐘)의 부부 - 19세기 프랑스 화가 밀레의 그림

"아들을 못 보고는 사는 의미가 없다"
- 면접 교섭권 요구, 자(子)의 복리와 생부(生父)의 자연적 권리가 대립[17]

원고 김샌님[18]은 박한녀[19]와 결혼하여
아이가 첫돌이 지난 후 이혼했네
아내 박한녀는,
남편이 생활비를 제대로 주지 않고
지나친 음주와 상습적인 폭행
성격차이로 하루도 편할 날이 없었네
75세가 넘은 시부모 봉양의 어려움에다 경제적 궁핍함,
남편의 부당한 대우를 참을 길 없었네
남편은 외도까지 하는 눈치였네

아내, 박한녀는 아이를 데리고 가출,
얼마 후에 협의 이혼하였네
극심한 어려움을 겪다가

---

17 법원 조정위원회 워크샵에서 토의를 하였다. 연수회날 밤, 호텔 응접실에서 밤새워 토론 내용을 정리하였다. 그 밤, 호텔 컴퓨터를 빌려 워드를 치고 유인물 자료를 만들었다. 홍겨운 친교의 시간, 홀에서는 노랫소리. 멀리서 박수와 웃음소리… 아침에 일찍 일어나 자료 제본을 하고 원고 숙지, 거울을 보며 음정의 조정, 말의 속도… 짧은 시간 연습도 했다. 아침 식사도 놓쳤다. 여러 조정위원님들, 부장판사님, 판사님들 앞에서 담담하게 발표하였다. 위와 같은 요지의 발표로서 발표회 심사결과 1등을 하였다. 필자는 다음해 연말, 조정실적 발표 및 송년회에서 공로장을 받았다. 아마도 위와 같은 활동의 실적이 조금은 참고가 되었을 것이다.

18 19 이름은 실명이 아님

어느 건축 공사장이 있는 마을
인부와 사귀게 되고 재혼하였네
피고 박한녀는
데리고 온 아들을 새 남편의 호적에 올렸네
수년의 세월이 지나고
새 남편과 사이에 아이도 없어,
남편은 친아들처럼 정을 붙였으며
아이도 친아빠로 알고 살았다 하네

원고 김샌님은 아들을 오매불망 잊을 수 없었네
가출한 아내를 붙잡지 못하고 놓아주었으나
언젠가는 돌아오지 않을까….
삶이 팍팍하여 아이를 데려올 경황이 없었으나
아내를 오매불망 기다렸다네

어느 날,
박한녀는 전 남편으로부터 날아온 솟장을 보고 기겁,
14년간 잠잠하던 전 남편 김샌님이
면접 교섭권을 요구한 것이네.

불길한 통지에, 애써 만든 보금자리에 먹구름이 끼고
비바람이 몰아치려 하였네.
모처럼 행복을 이룬 보금자리 가정이 풍비박산?

아이도 당연, 새 남편을 친부로 알았고

새 남편은 자신이 데려온 아이가
의붓자식이라는 사실조차 잊어버리고
노후의 희망이라며 친자식처럼 아꼈다 하네.

이제 와서 감히 얼굴을 내밀려 해?
피고 박한녀는 밤잠을 이룰 수가 없었네.
분함과 억울함에 몸이 떨렸네

“아들을 보지 못하고는 살 의미가 없다”
원고 김샌님은 울먹였네
죽기 전에 손자의 얼굴이라도 보고 죽어야 된다며
아이의 할아버지도 애타게
소원한다고, 제발 한 달에 한 번이라도 볼 수 있게,
정 못하겠으면 손자에게
‘너의 친아버지가 존재한다’는
사실만이라도 알려 달라…

박한녀는 받아들일 수 없었네.

조정의 논점은,
- 부의 면접권을 제한할 수 있는가?
- 친부는 과연,
  14년간이나 생활고 때문에 연락을 못했겠는가?
- 양육비 지급 의사가 없었던 것은 혹시 아니었을까?
- 아이를 설득하여 의부가 알 수 없도록 하면서

전처와 의논하여 생부를 만나게 한다?
입양한 아이도 친부모라 해서 만날 수 있는 건 아닌데?
- 만나게 하는데 대한 아이의 충격은?
- 아이를 원고를 모르게 하여
법원의 면접실에 데려와 동영상을 촬영,
친부 친조부에게 간접 면접을 하도록?

조정안(調停案)은,
- 아이의 면접을 자제케 한다
- 전처는 아이의 동영상을 매월 1회씩 친부에게 보낸다
(친부와 할아버지는 아이의 자라는 모습을
동영상으로만 볼 수 있게 한다)
- 원고인 친부는 양육비를 지급한다….

모의 조정을 마친 위원들의 고뇌는
끝나지 않았네
원고와 그의 부(父)는
그림 속의 아이를 받아들일 수 있을까,
받아들일 수 있을까?
피고는 양육비를 받는다 할까?

조정은 성립할까?

해설 및 자료

〈해설 1〉

시인다운 시인은 추방되어야 할 존재〈플라톤〉, 그렇다면 시인 주세훈은 추방되어야 한다

- 그의 시 '풍뎅이'를 중심으로

문학평론가 황창우

시인 추방론

미국의 경제학자 겔브레이스가 고전 중의 고전으로, 인류 문화유산 가운데 첫 번째로 꼽은 책인『국가』10장에서 플라톤은, 저 유명한 시인 추방론(詩人追放論)을 내세운 바 있다.

그런데 그 전제가 되고 있는 것은 모방 이론이었고, 이것 또한 국가(혹은 공화국)의 정의에 관해서이다. 플라톤의 '공화국'이란 인간이 가져야 할 이상적 국가 형태를 말하는 것으로 그것은 '진리가 이념이 되고 정의의 실현이 이루어지기를 기대할 수 있는 사회'이어야 한다는 것이다.

'시인 추방론'에서의 시인이란, 하나의 모방자에 지나지 않는 것으로 정의된다. 진리 탁자의 이데아를 지닌 자를 창조주로 본다면 실제로 그 이데아에 따라서 물건을 만들어내는 사람은 목수가 된다, 그 다음으로 목수가 만든 물건을 보고 소묘하거나 묘사하는 사람, 즉 화가나 시인이 있는데 이들은 진리에서 3단계나 떨어진 저차원의 모방자에 지나지 않는 자로서 철인(哲人)이 통치하는 공화국에서는 (저차원에 있는) 그다지 필요 없는 자로 설정된다. 다시 말해서 시인은 국가에서 '추방'되어야 한다는 것이다.

주세훈은 '시인'이다

아직도 널리 읽히는 만고의 진리서(眞理書), 서구 지성인들에게 가장 영향력을 많이 미치고 있다는 『국가』의 말대로라면 주세훈은 그도 역시 추방되어야 한다. 그러나 그 전에 우리도 그에게 한 번 소크라테스를 위한 변명의 기회를 주어야 한다….

그러나 그는 침묵할 것이다. 왜냐하면 그는 시인이니까! 시인은 내적 독백을 하고 입을 다물어버리는 속성을 가지고 있다. 기껏 말해봐야 "시는 작가의 소유물이 아니다. 그것이 탄생하는 순간 곧바로 그 작가의 통제력이 미치지 않는 세계 속으로 떠나가 버린다. 시는 공중(public)에 속하는 것이다. 그래야만 당신들은 의도의 오류, 감정의 오류를 포함하여 오독(誤讀)을 실컷 즐길 것 아닌가!"라고 묵직하게 말한 후 입을 다물어버릴 것이다.

그것이 작가의 속성이라면, 범인의 속성, 특히나 우리의 속성은 그것을 해부하고 뒤집어보아 까발리기를 즐겨한다. 그래야만 그를 우리의 집단에서 추방할지, 아니면 속성을 같이하는 편에 계속 놔둘지 판단할 수 있기 때문이다.

주세훈은 시인이다. 현대적 시인은 고뇌하고 행동한다. 아니 적어도 그렇게 하는 척이라도 해야 시인 대접 받는다. 옛날처럼 무조건적으로 찬미나 하고, 자연을 노래하고, 무조건적으로 한스러워하는 자는 적어도 시인 집단에서 소외당하기 쉬운 실정이다. 그러한 점에서 본다면 주세훈은 현대적 시인의 정의에 부합될 수 있다.

그는 몇 년 전에 '바람은 다시 돌아와 말을 한다'로 우리에게 가볍게 받아들일 수 없는 화두(話讀)를 던졌다.

이 책의 전반적 주제의식은, 관조를 벗어나 허무나 절망의 냄새를 짙게 드리웠다. 어쩌면 그것이 현실을 바라보는, 당대를 살아가는 우리들의 인식을 대변하는 것일지도 모른다. 모든 예술가들, 특히 그 중에서도 시인은 영속적이며 전통적인 것과 미래 지향적 시대 상황의 특징으로부터 지배받는 것 중에서 하나를 선택하여 그의 작품세계를 이루게 되는 바, 시인은 외연적으로 아무래도 후자의 입장을 취한 것처럼 보인다.

그의 시에 나타나는 외연적 서술 구조는 현실의 바탕을 절망으로 인식하는 것에서 비롯되고 있음을 느끼게 한다. 그러나 그의 시에 나타나는 '외형적' 구조, 즉 운율이나 이미저리(imagery), 특히 나열되는 시어들에 의한 음상이나 색조감은 내용과 배치되는 이질감을 느끼게 하고 있다. 호흡이 짧아지고 있는 현대시에서 절망으로 끝나는 시들을 빛깔로 표현하면 통상 회색빛이나 시멘트 빛 같은 색조를 느끼게 해야 하는 것이 일반적인데 그의 시를 읽어보면 전혀 그러하지 아니하다. 그는 오히려 시 전반에서 인공적이지 않은 자연적 언어, 더 나아가 육두문자도 서슴지 않고 시의 언어로 삼을 정도로 비인위적이며 자연친화적인 경향을 보이고 있다. 또한 절망스러움을 노래하는 경우에도 시인은 그에 적합한 반문체적인 서사구조를 택하고 있는 것이 아니라, 대체로 3음보 중심으로 구성되는 음율적 구조를 구사하고 있음을 느끼게 한다.

운율, 순수한 우리말로는 가락이 될 것이다. 운율은 리듬을 포괄하는 말이 되는데 그것은 자연의 시간적 지속성을 유지하는 동시에 또한 짝맞춤과 조화감을 그 하위의 속성으로 가지고 있다. 자연 친화와 가락, 그리고 절망은 그 형식 논리상 뭔가 아귀가 맞지 않게 느껴진다. 여기서 일언부언 각설하고 그의 시 중, 절망을 노래한 시 '풍뎅이'를 보자.

어릴 적 우리들은
풍뎅이를 가지고 놀았지
청잣빛 날개 불현듯 펴고 하늘로 붕 뜨던
암팡진 풍뎅이

들판의 삼나무, 뒷산의 밤나무
바닷가 해송 아랜 풍뎅이도 많았어
햇볕 따가운 날 그늘에 들어 풍뎅이 다리를 잘랐네
앞다리 뒷다리 부절 경절 다 자르고 더듬이도 떼었지

장구치구 북치구 장구치구 북치구

풍뎅이는 풍뎅이, 날지도 못하고 도망도 못 가
뒤집혀 허벅지로 허공을 휘저으며 버둥대는 저 모양
우리는 손뼉을 쳤지, 얼쑤

장구치구 북치구 장구치구 북치구

오늘 우리는 풍뎅이가 되었네
하얀 이슬 먹고 사는 풍뎅이가 되었지.
막내딸 요구르트 자르고
문학동인 모임도 자르고
팔순 노모 문안도 반쯤으로 잘랐네.

맴돌며 버둥대네
불구의 풍뎅이,

장구치구 북치구 장구치구 북치구 장구.

- 주세훈의 '풍뎅이' 전문

외연적 구조

위 시를 외연적 언어 구조(언어 표상)로 읽어보자.

그는 어릴 때, 산이나 들 그리고 바닷가에서 풍뎅이를 가지고 잔혹하게 놀았는데 그 풍뎅이가 지금은 시인과 동일시된다고 고백한다. 자신의 온갖 가치관의 팔다리를 떼어내면서 또한 아픔을 느낀다는 것이다. 상징적으로 나타나는 것이라야 고작 산, 들, 바다가 나타내는 인간사 또는 인생의 무대와 그로부터 유추되는 풍뎅이와의 자기 동일시 정도일 것이다. 그러나 이것이 시적 구조 내지 장치로서 드러난 것들이라면 '상징'이라고까지 말할 수 없는 허약성을 드러낸다. 과연 이 정도가 작가가 나타내고자 하는 주제의식에 부합될까?

다시 이 시를 심층적(사물 표상)으로 읽어보자.

내연적 구조

작가는 "오늘 우리는 풍뎅이가 되었네"라고 말한다.

이 시에서 '풍뎅이'는 억압받고 고통을 당하는 인간, 또는 시인의 자아로서 나타난다.

풍뎅이는 전 세계 어느 곳에서든지 자생할 수 있는 무려 1만 5천여 종을 헤아리는 곤충이다. 시인은 곧 풍뎅이이고 풍뎅이가 곧 인간 군상이라는 것을 비유하고 있는 것으로 보아도 무방할 것이다. 그것은 작가가 풍뎅이의 살아가는

'터'에 대하여 앞에서 언급한 '들판'이나 '산' 또는 '바닷가'를 비유한데서 확실성을 획득하게 된다. 즉 그러한 터가 바로 인간들이 살아가는 삶의 무대라고 할 수 있다.

즉, 애당초 시인은 풍뎅이로서 살아왔고 풍뎅이와 어울려서 살아왔던 것이다. 풍뎅이가 시인 자신을 비유한 것일까, 아니면 당시의 민중을 비유한 것일까, 어쨌든 시적 자아는 팔과 다리와 풍뎅이의 눈 역할을 하는 더듬이(풍뎅이는 시력이 안 좋아 더듬이로 냄새를 맡아 방향을 탐색하는 특이한 곤충이다)까지도 뜯어내고는 박수치고 장구치고 북까지 치며 좋아했던 것이다.

필자는 이 현상을 시인과 사회(어쩌면 신과의 관계를 포함해서)의 갈등, 인간과 인간의 갈등, 더 나아가 시인 자신과 자아의 갈등 등을 모두 포함하는 것으로 본다. 이것을 시인 자신은 어떻게 생각하는가?

시인은 갈등의 원인을 중앙집권화되고 있는 권력, 사회의 위장된 최고선(最高善), 상업자본주의, 통제력을 잃어 자기 자신의 바퀴만으로 돌아가는 빅 브라더(big brother) 현상이라고 생각함을 유추할 수 있는 바, 이 시의 '햇볕'이라는 시어가 이것을 함축, 암시하고 있다.

상징성과 직관

문학이나 시에서 태양의 상징성은 보편적으로 어떻게 나타나는가?

달이 한 달을 주기로 차고 이즈러짐을 반복하지만 태양은 그렇지 아니한 것처럼, 또 그러한 현상이 영원한 것처럼 문학의 상징성은 영원하다.

한양대학교 국문과 교수를 역임하였고 시 전문 계간지 '현대시사상'의 주간으로 있던 시인 이승훈은 그의 저서 '문학상징 사전'에서 '태양'을 다음과 같이 말한다.

"신의 계보학에 따르면 태양은 모든 천상의 왕국들이 통과하는 한 순간을 재현하며 …〈중략〉… 태양이 암시하는 상징적 의미의 핵은 영웅적인 힘, 용기 그리고 창조적인 힘과 지도력이다"

또한, 이윤기가 번역한 '문화상징 사전'에서도 태양을 다음과 같이 이야기한다.

"태양은 우주 지고의 힘, 만물을 꿰뚫어보는 신과 그 힘, 테오파네이아 신의 현현(顯現), 부동의 존재, 우주의 심장, 존재의 중심이며…." 〈하략〉

특히 동양 문학권에서는 해를 군주에 비유한다. 일본의 일장기(日章旗)나 대만의 청천백일기(青天白日旗)는 태양을 구체적으로 그리고 있으며 또한 우리나라 태극기도 태양을 상징하는 원과 음양의 이분법적 구도로 형상화되고 있다.

이러하다면, 동서양이 종교나 문학, 더 나아가 제반 문화적 조건에서 해에 관하여 거의 동일하게 상징성을 공유한다고 볼 수 있는데 반하여 주세훈의 시에서의 해는 상징이 아닌 직관으로 파악되어야 할 존재로 보인다.

결과론적인 이야기이지만, 주세훈 시에서의 '풍뎅이'는

의인화되지는 아니하였지만 애초부터 시적 화자를 포함한 우리 자신의 모습을 표현하고 있는 것을 직감할 수 있다. 피동적이건 능동적이건 이 시에서의 풍뎅이가 우주를 살아가는 주동적 인물로 나타난다면 그를 방해하고 불안에 떨게 하는 반동인물은 '해'로 표현된다고 볼 수 있다. 그런데 시인은 위 시에서 주동인물과 반동인물의 등장을 같은 구성법으로 장치하고 있는 것을 엿볼 수 있다. 다시 말해서 '풍뎅이'는 '고통을 받고 있음'이라는 공통분모로서 인간군으로 전이가 되고 '태양'과 사회 제도는 '절대자'라는 상징성으로 전이를 가능하게 하는 동일한 장치를 쓰고 있는 것이다.

그런데 문제는, 주세훈의 시에서 인간들을 불안에 떨게 하고 있는 것이 '해(태양)'가 아니라 '햇볕'이라고 하는 데에 있다.

태양의 물리적 조건은 46억 년 전에 태어나 언제나 그 자리에 그냥 있고 수소와 헬륨가스가 농축되어 수분마다 수소 폭탄의 위력에 맞먹는 연속적인 '열분자 반응 폭발'을 계속하는 것인 바, 우리는 그것을 '햇볕'이라고 인식하고 있다. 태양 자체는 언제나 태양계의 중심에 있음으로서 절대선의 이데아, 즉 진리가 되고 있음은 주지의 사실이다. 그러나 그로부터 방사되는 '햇볕'은 인간군에 따라 이해가 엇갈리게 되며, 그것이 특히 절대권력의 힘을 빌어 위장되어 나타날 때의 '풍뎅이의 폐해'는 작가가 지적하지 않더라도 짐작하고도 남음이 있다.

이 폐해는 어떻게 나타나는가? 시인은 역설적으로 햇볕

이 없는 그늘에서 풍뎅이의 다리를, 자기의 팔을 자른다고 한다. 이렇다면 오히려 햇볕이 고마운 존재가 되어야 하는데 이 시에서는 반대 양상으로 나타난다.

그늘은 그늘 자체로서 존재하는 것이 아니라 햇볕의 존재로 이루어지는 수동적인 존재, 즉 피창조적인 것인 바, 팔다리가 잘리우는 장소인 그늘 역시 햇볕의 능동적이고도 조작적인 의도에 의한 상황으로 생각할 수 있다. 바꾸어 말한다면 팔다리를 자르는 그 상황을 햇볕이 능동적으로 조장하고 있음으로써 또한 '그늘' 자신의 처지 역시 '풍뎅이'와 다름없다고 볼 수 있는 것이다.

서로의 팔다리와 더듬이를 뜯는 환경이 되는 그늘과 풍뎅이들은 아직도 그 상황을 제대로 인식하지 못하고 있다. 그들은 오히려 '그늘'에서는 그러한 행위가 감행되어도 무방한 것으로 여기면서 아직도 신화 속에서 깊은 잠을 자고 있는 것이다. 그러나 어느 순간 시인은 "오늘 우리는 풍뎅이가 되었네"라고 선언을 한다.

이러한 아이러니는 상당한 반향을 불러일으킨다. 이것이 클라이막스를 앞에 둔 반전의 시점이라는 중, 고생의 교과서적인 이야기가 아니더라도 지금까지의 이야기, 또는 그 흐름을 보면 시인은 분명 풍뎅이였는데 느닷없이 지금에서야 풍뎅이가 되었다고 하는 것은 뜬금없는 억지에 가까운 말이 아닐 수 없다.

이 선언을 산문적으로 풀이하면 다음과 같이 될 것이다.

"나는 지금까지 팔다리 잘린, 더듬이까지 잘린 풍뎅이로서 살아왔지만, 그리고 살고 있지만 나는 지금까지의 풍뎅이라는 실제 현실과 그 껍질을 벗고서 이제부터는 주체, 또는 자아를 확보하여 살아가겠다. 비록 불구의 몸일지라도… 몸부림치며… 기다리며…"

통상적이고 통과의례적인 선언 같지만 여기서 주세훈이 '추방되어야 할' 몇 가지 이유가 더 숨어있음을 간과하여서는 안 된다.

그 결론적인 몇 가지 이유는,

시인은 "맴돌며 버둥대네 / 불구의 풍뎅이"라고 말한다.

슬픈 생애를 살았던 시인 김소월은 '진달래'에서 "죽어도 아니 눈물 흘리겠다"라는 저 유명한 싯구에서 도치법을 사용하여, 가시는 임을 곱게 보내면서 가실 때는 죽어도 눈물을 흘리지 않겠다는 역설의 미학을 극대화시키지만, 김소월 역시 주세훈처럼 "맴돌며 버둥대겠다는 것 / 그것이 비록 불구의 몸일지라도"라는 도치와 역설법으로써 자아 회복의 선언을 극대화시키려 하였다.

'맴돌며 바둥대네'라는 표현은 제자리에서 몸을 뺑뺑 돌리는 것(spin oneself round)을 말하는가? 아니면 원을 그리면서 빙빙 도는 것(turn round)을 말하는가? 그도 아니라면 버둥대며, 힘겨운 처지에서 벗어나려고 애를 쓰며 계속적으로 불특정 행동을 반복하는 것을 말하는가?

이것은 '저항과 기다림의 미학', 그것에 다름 아닌 것이다. 이것은 '태양'으로 위장된 공화국을 통치해 나가는 철인(哲人)에게는 가장 위험한 반동분자의 행태이다. 또한 시인은 마지막 후렴구에서 앞의 후렴구들과는 특이한 반복구('장구치구~')를 한 개 더 첨가함으로써 선동의 이미지까지 더하고 있다.

그렇다. 그는 분명 지고지순한 '태양' 또는 철인의 입장에서 보면 분명 무조건적 찬미자나 또는 절망인은 아닌 것이다. 이러한 두 부류는 평론가들이 가장 다루기 쉬운 집합이기도 한 바, 어느 사회에서나 대부분의 평범한 구성원이 존재하는 한편, 선동적인 반동분자는 있기 마련인 것이다. 철인은 어느 정도는 이런 자들을 묵인하고 수용한다. 이러한 자들이 있음으로서 찬미자나 절망자들을 이용, 사회를 결속하기가 오히려 쉬워짐으로서 철인으로부터 그들은 존재의 타당성을 부여받게 되는 것이다. 그렇다면 시인이 국가에서 추방되어야 할 근본적인 이유를 다른 데에서 찾아야 한다.

상상적 질서 체계

시인이 풍뎅이와 동일시 되었던 시기, 그 시기는 결론적으로 상상적 질서 체계에서의 시기이다. 사람은 '거울단계'라는 과정을 거친다고 한다.

태초에 사람은 '나'를 그 사물과 동일시하는 현상, 이른바 신격에 대한 외경(畏敬)과 귀의(歸依)의 입장을 취한다.

어린아이들은 거울 속에 있는 모습을 '자기의 통일된 전체'로서 인식한다. 이것이 바로 범신론(凡神論)이라 일컬어지는 상상적 단계의 첫 모습이다. 이런 현상은 '어머니'라는 개체(타자; 他者)를 통하여 나타날 수도 있으며 사회를 통해서 나타날 수도 있다. 이것은 자기가 타자(거울)이고 타자(어머니)가 곧 자기다. 예를 들어 아이는, 어머니가 오직 자신을 원하길 바라고 아이는 어머니의 전체가 되고 싶어 한다. 이것이야말로 타자인 어머니의 욕망과 일치할 수 있는 아이의 낙원이 되는 것이다. 이 질서가 유지된다면 신(神)이나 어머니는 사회나 현실로 환치가 가능하며, 이것은 자기가 사회이고 현실(비현실을 포함하여)이 곧 자기인 것으로의 연장이 가능하다.

이 현상에 대한 극단적인 예를 가수들이 노래를 부를 때, 그 앞에서 기성(奇聲)을 질러대는 10대 여학생들의 심리에서 들 수 있다.

그들은 왜 기성을 질러대는가? 그들은 가수가 부른 노래 속의 주인공과 자기 자신을 동일시하는 심리현상을 겪는다고 봐야 할 것이다. 그렇다면 그들의 기성은 성적 만족감의 또 다른 표출(일종의 오르가즘이라고도 할 수 있는)로 볼 수 있다. 이러한 동일시 현상은 기성세대 사람들에게서도 곧잘 나타난다.

이어령은 그의 저서 '축소 지향의 일본인'에서 일본인들은 축소지향적인 구심점을 향하여 '무조건 모여든다'고 말한다. 천황을 위하여라며 가미가제(神風) 폭격이나 할복까지 감행한다. 바로 다른 면으로 표출된 일본 민족의 동일시 현상이다. 일본인의 축소지향의 예로 이를테면 그들은 10만여 신이 우글거리는 범신지대(그네들은 우상화하기를 즐겨 함)에서 그 정점에는 항상 그들의 신인(神人) 천황, 즉 태양이 존재한다고 생각한다.

아직도 인구(人口)에 회자(膾炙)되는 5공시대 전두환 대통령의 분신이라 일컬어지는 장의 증언 태도나 한보사태 증인으로 나온 홍○○의 경우도 상향지향적 군신일체를 주장하는 일본소설 '대망'의 테마와 유사한 바, 그들의 이른바 '깃털론'을 접어두고 스스로 희생양이 되겠다 하던 것은 의미하는 바가 크다. 이런 것들은 상상적 질서 세계에서나 신화적 세계에서의 동일시 현상이 아니고는 설명이 불가능하다.

우리는 이상(李箱)을 천재시인이라고 말한다. 그런데 그가 왜 천재 시인인가라는 물음에는 당장 답변이 궁색하여진다. 필자는 시인의 작품을 분석하기 위해 옛날에 묻어두었던 학부 문학 이론서를 다시 끄집어내었다. 거기에는 '거울' 이론을 노래한 이상의 '시 제15호'가 있다.

"나는 거울 없는 실내에 있었다. 거울 속에 있는 나는 역시 외출 중이다…. (하략)"로 시작되는 이 시의 거울 속의 '나'와 그것을 의식하는 '나'를 별개의 것처럼 분석하는데, 책들은 여기까지는 성공을 하지만, 그것이 왜 천재의 작품이 될 수밖에 없는가에 대한 이유에 대하여는 필자가 접하여 본 어떤 책이나 문학 이론서에서도 찾아볼 수 없었다. 그런데, 앞의 서적들은 친절하게도 예외 없이 다음과 같은 주석을 달곤 한다.

"이와 같은 그의 생각은 물론 기발한 데가 있다. 그러나 이것으로 우리가 곧 그 작품에 대하여 아름답다든가 훌륭하다는 말을 쓸 수 없지 않을까 한다."

앞에서도 지적했지만, 주세훈이 지금까지 '풍뎅이'였던 자신을 보고 "그래, 내가 곧 풍뎅이야"라는 반어적인 선언으로 풍뎅이라는 껍질을 오히려 벗고 자아나 주체를 획득하여 나아가는 과정을 위와 같은 관점으로 본다면 이 시에 대한 논의 역시 위와 같은 범주에서 벗어나지 못할 것이다. 그러나 李箱이나 주세훈의 '풍뎅이'가 추구하는 시 세계는 근본적으로 '상징적 질서 체계'임을 간과해서는 아니된다.

상징적 질서 체계는 욕망이 지배하는 사회이며, 언어와 문화 또는 예술로 형성된 보편적 질서의 세계다.

인간은 상징적 질서에 진입함으로서 비로소 이름을 얻고 타자와 구별되는 자기 자신을 확인받을 수 있는 것이다. 즉 의미의 그물 속에서 자기 자신의 위치를 객관화시킬 수 있다는 것이다. 다시 말해서 '풍뎅이'는 서로 물고 물리는 1만 5천 종의 수십 억 마리의 군집합인 생물학적 풍뎅이에서 주세훈의 '풍뎅이'로 객관화되어 새롭게 태어난다는 것이다.

지금까지 나와 타자가 서로 '잘리우며', '잘랐던' 풍뎅이는 풍뎅이가 상징하는 현실, 자연, 신화가 혼돈된 상태에서의 거울, 아니 자아획득이나 주체회복이라는 타자로 인식된 거울을 통해서 그 일체상태를 깨뜨리며 철인(哲人)이 설정해 둔 전권-그것은 획일주의나 전체주의와 다름이 아니다-에서 벗어나려고 하는 것이다.

그렇지만 햇볕으로 위장된 철인 역시 '철인'이라는 이름을 통하여 표현되는 상징적 질서(법의 질서 내지 문화적 질서)가 설정해둔 명령과 금지의 체계 아래에 종속되어 있기 때문에 이상(李箱)이나 풍뎅이 또는 시인 역시 욕구(besoin; 통상 생리적 성격을 가지고 어떤 특정한 대상을 겨냥한다)가 아닌 '욕망의 즉각적인 충족의 연기'라는 좌절을 겪게 된다.

군집합 속에서 풍뎅이는 팔다리가 잘려 있지만 상상적 질서에서는 그것조차 인식하지를 못한다. 그래서 시적 화자는 본인의 자아, 즉 팔다리와 더듬이를 자르고서도 "손뼉을 치며 얼쑤, 장구치구 북치구…"가 가능한 것이다.

이런 때에 아무런 제약과 결핍이 없는 세계 즉, 천상과 신화 속에서의 삶이 구현되는 것이다. 아니 그러한 현실의 인식을 못한다고 하는 것이 더 정확한 표현이 될지도 모른다. 그러나 시인은 상징적 질서에 진입함으로서 그때서야 뜯겨져 나간 더듬이를 비로소 목격하고 '결여'나 '모자람'을 인식하게 되는 욕망의 주체가 된다. 다시 말해서 풍뎅이가 만족하는-아니, 인식하지 못하는-사물들로만 존재하는 것이 아니라 기대와 욕망, 금지와 허용, 규범과 의무 등이 존재하는 타자, 또는 문화 질서로 이루어지는 언어적 객관적 공간에서 욕망이 자신에게 가하여 오는 제한, 즉 막내딸의 요구르트, 문학동인 모임, 부모 문안의 제한 등을 끊임없이 경험하고 인식하게 되는 것이다.

그러므로서 시인은 도무지 회복할 수 없는 잃어버린 天上, 즉 풍뎅이가 먹고 사는 '하얀 이슬'로 환치된 낙원을 향하여 끊임없는 욕망의 날개를 펼치게 되는 것이다.

욕망(desir)은 어떤 특정한 대상을 겨냥하는 속성을 가지고 있지만, 이 시에서도 나타나 있듯이 그 대상은 가변성이나 다원성을 이루는 특징을 가지고 있다.

욕망의 대상의 선택과정에서 그 오류를 범한 자-특히 한 가지 대상에 집착하는 정신질환자나 욕망 자체가 없는 상상적 질서에서 만족하고 있는 자 등을 제외하고-욕망은 통상 한 가지 대상에서 다른 대상으로 대치되고 전이되기도 한다. 그러하기 때문에 시인 주세훈은 환유적(換喩的)인 욕망으로 인하여 만족과 현실의 인식, 그로 인한 결핍과 절망, 그리고 몸부림과 기다림이 순환을, 또한 자아회복을 통하여 절대자에 대한 도전을 계속하게 되는 것이다.

이야기의 정리

시인은 추방되어야 한다. 그러나 그것의 전제조건은 시인은 시인다워야 한다는 것이다.

현대에는 태양으로 보편화되어 있던 신이나 진리가 죽었다고 말할지 모른다. 우리는 대체로, 달을 가리키면 가리키는 손가락을 바라보게 되지만 해를 가리키면 그 손가락은 보지 못할 뿐 아니라 해의 위용에 지레 겁을 집어먹고 해를 볼 수 없는 곳인 그늘에서 불구의 눈으로 위장된 햇볕을 바라보며 살아간다.

햇볕으로 위장된 해는 오늘날 상업 자본주의를 앞세운 절대자, 또는 진리라는 다른 이름으로 방사(放射)되어, 세계화나 국제화를 앞세운 초자유주의(Ultra-liberlism), 그리고 나라 간의 신제국주의, 민족 간의 인종주의, 지역 간의 집단 이기주의, 개인 간에는 극단 이기주의 등이 몰염치와 기회주의에 편승하여 기승을 부리고 있다.

이러한 사회는 정의의 실현을 위한다던 참담한 5공 시절에(플라톤의 국가 이념인 정의 구현 사회를 실현하려 했던 이의 호가 日海였던가!) 통치하기가 가장 적합한 사회였다. 이러한 사회는 강도를 조금씩 더 하면 더 할수록 절망, 또는 절망도 인식하지 못하는 민중의 낙관과 파워엘리뜨 집단의 자만이 양극을 향하여 치달리게 된다.

이러한 현상은 햇볕이 그러하듯, 쌍방향이 아닌 일방적 하향적 소통 경로로 인하여 자아나 인간성이 철저히 봉쇄될 수 있고 왜곡될 수 있기 때문에 새로운 철인(哲人)의 시대에서는 그에 걸맞게 오로지 양극화된 전체주의와 획일주의가 더더욱 요구 당하는 시대가 된다는 것이다.

철인은 이러한 시대적 현상에서, 사회는 다리 잘린 풍뎅이로서, 군집합의 한 구성원으로서 인간성의 위축을 강요당하는 '불구의 난장이'로서만 함몰되어 있기를 요구할 것이다.

그래서 시인 주세훈은 늘 절망한다.

그러나 그의 절망은 욕망의 갈구라는 다른 옷으로 갈아입고서 기다리고 있다. 그 기다림도 단지 맴돌기만 하는 것이 아니라, 온 몸으로 갖은 몸부림을 다하며 기다리고 있는 것이다. 몸부림은 물론 처절한 저항이다.

시인 자신은 추방당해야 할 필요가 없다. 그러나 신철인(新哲人)은 시인다운 시인은 이 시대에서도 역시 추방해야 할 존재라고 천명(闡明)하고 있는 것이다.

〈해설2〉

주세훈의 시,
가슴과 가슴을 잇는 원대한 울림

-'쥐불'을 중심으로

시인 현장송

내가 주세훈을 좋아했던 것은 그의 웃음 때문이었다. 그리고 그가 나 같은 사람도 좋아한다고 생각했기 때문이었다. 그러나 내가 주세훈을 안다고 생각한 것은 한 번도 없었다.

사실 나는 주세훈을 몰랐다. 그런데, 진면모를 나름대로 이해한 것은 『바람은 다시 돌아와 말을 한다』는 그의 시집의 제목 때문이었고 이 제목은 나를 이 책에 묶어두는 데 충분했다.

나는 이 책을 읽으면서 독일 근세 철학의 시조인 칸트(Immanul Kant, 1724-1804)를 생각했다. 칸트는 자기 책상 옆에 자기가 들어갈 관을 놓고 매일 아침 그 관 속에 누워 자기 관 뚜껑에 못을 박는 사람들의 술렁걸임을 들었다고 한다. 어떤 때는 어떤 사람들이 정말 엉터리로 살았다면서 관 뚜껑이 깨어져라도 못을 쳐박는 날도 있었고 어떤 날은 아까운 사람이 죽었다고 아쉬워하는 날도 있었다.

칸트의 철학은 '죽음 속의 삶'이었다.

'참 삶'은 죽음 속에서 존재한다는 철학을 깨우치기 위한 칸트의 철학이다. 죽음을 모르는 삶은 삶이 아니다. 삶을 모르는 죽음은 죽음이 아니다. 우리말 '삶'의 원래의 뜻이 '사름'이었다. '불사름', '불태움' 또는 곡식 속에 들어있는 돌이나 오물을 제거하기 위하여 키질을 함을 뜻하는 이 '사름'은 한편으로 자기 희생적 제사를 의미하며 조상을 향하여나 신을 향하여 제사를 지내거나 불을 지펴 제물을 사르는 것을 의미하기도 하였다. 어쨌든 불을 사용하는 것은 오직 인간만이 하는 행동이기 때문에 인간을 '사름'이라 하였고 그것이 '사람'으로 변화하게 되었다.

또한 '사람'이라는 짧은 단어 속에는 우리들이 어떻게 살아야 한다는 진지하고 엄숙한 '삶'의 뜻이 담겨 있다고 볼 수 있다.

사람들은, 사람은 죽음을 통해서 만나는 또 다른 '삶'이 있다고 생각하여 왔고 그 '삶'은 지금 살고 있는 '삶'보다 더 아름답고 영원한 것이라고 생각하여 거기에 무한한 가치를 두었다.

주세훈이 말하는 『바람은 다시 돌아와 말을 한다』의 근본적 의미도 여기에 있다. 때문에 주세훈은 "기쁨도 슬픔도 바람이 된다"고 했고 "사랑도 미움도 바람이 된다"고 했으며 인간의 "과거도 현재도 바람이 된다"고 노래했다.

그 '바람'은 형체도 없이 사라지는 존재가 아니라 우리 모든 사람이 분명하게 들을 수 있는, 들어야 하는 '바람'인 바,

그 바람은 다시 돌아와 말을 한다고 노래하였다.

바람(風)은 바람(希)이다. 희망이고 꿈이다. 죽은 바람이 아니라 살아서 '가고 싶은 고향도, 과거도, 돌아가신 할머니도 만나는 바람'이다.

죽어서나 살아서나 간에 바람이어야 한다는 주세훈, 그는 심지어 바위를 만나서도 그러한 육중한 무게를 인정하지 않는다.

바위는 무언(無言)이다
바위는 깨우침이다

사는 것은 잃어가는 것,
모두와 결별하는 것
가진 것 그 무엇 하나도
보내야 한다, 놓아야 한다
손때 절은 만연필 한 자루까지도.

저녁해 서산으로 기울면서
우리는 조금씩 가라앉는다
마지막 달력을 넘긴 후 영원한 시간 속
더 영원한 사색의 가지에서
낙엽을 지우기 시작한다
언어를 지우기 시작한다

드디어 오롯이 남은 한 알의 씨앗
깊은 심장 속에 내밀한 항아리를 묻고
씨앗을 우린다
사색을 우린다
스스로 채찍하는 아픔을 보듬으며
바위를 잉태한다
바위로 태어난다

바위로 남는다.
무언(無言)으로 남는다.

- 주세훈의 '바위' 전문

산을 짓누르고 있는 커다란 주세훈의 '바위', 그런데 그의 바위는 엄청난 무게로 인식되는 바위가 아니라 세상의 이치를 깨닫고 삶의 가치를 깨달은 후 결국 침묵할 수밖에 없는 그런 사유(思惟)의 바위다. 엄청난 무게가 아니라 세상의 모든 관계와 결별하고 "가진 것 그 무엇 하나도 남기지 않고 보내고 놓아야 한다"는 바위. 결국 "손때 결은 만연필 한 자루까지"도 버려서 남는 것은 한 개도 없이, 심지어 나라는 존재까지도 버려서 전혀 무게가 없도록 하는, 바람보다도 더 가벼워진 바위, 그런 바위의 침묵을 배워야 한다는 것이다.

"바위는 무언(無言)이다, 깨우침이다"

사람이 사람의 무게를 가지고는 결코 죽음에 이를 수 없다. 더구나 사람의 무게에 온갖 금은보화를 더한 무게를 가지고는 하늘나라에도 갈 수 없다. 가지고 있는 지식의 무게나 상식의 무게가 남아있어도 안 된다. 그 두텁고 칙칙한 욕심을 가지고는 하늘나라 같은 죽음의 세계에 갈 수 없다. 때문에 주세훈 시인이 말하는 올바른 삶은 얻고 쌓아가는 것이 아니라 "사는 것은 잃어가는 것, 모두와 결별하는 것"이라 했다. 그런데, 우리들은 잃어가는 것이기보다 얻는 것으로, 결별하는 것보다 다시 인연에 인연을 더하는 것을 삶으로 알고 있다.

결국 주세훈은 바위처럼 무거운 삶을 말하는 것이 아니라 바위보다도 더 무거운 우리들의 삶을 깃털보다도 더 가볍도록 추구하여야 함을 우리들에게 가르치고 있는 것이다. 이것을 위해서는 끝없이 버리는 것, 보내는 것, 놓은 것이다.

나이가 든다는 것, 그것은 '저녁해가 서산으로 기우는 것'이고 '조금씩 가라앉는 것'이다. 가라앉아 우리들 가슴 속에 바위가 되어 침묵하는 것, 태산을 누르는 무게로 침묵하는 것이라 하였다. 이런 관점에서 주세훈의 시에는 인생의 결론 부분에 속하는 삶의 철학이나 깊은 종교 의식이 담겨 있어 한 번 읽고 쉽게 잊을 수 있는 시가 아니다.

한편, 주세훈 시가 독자에게 친근하게 다가와 공감을 불러일으키는 바는 그의 시 속에는 평범한 사람들이 언제 어디서나 부딪히며 살아가는 일상이 전개된다는 데에 있다.

그의 이전 시집에서도 '왕방산'이라는, 마을 근처에 있는 산이름으로 독자를 불러내기도 하는데 이것뿐 아니라 가르치는 '학생들의 이야기'이며 '남한산성 연무장의 삼백 년 된 소사시 나무'며 개발이라는 명목으로 마구 파헤쳐지는 '학교 앞 칠로산 이야기' 등은 평범한 사람들 주변 가까이에 널려져 있는 일상적이고 친근한 소재들이다. 그런데 사람들은 그러한 일상의 일들을 대부분 잊어버리고 살아가는 데 반해 시인 주세훈이 그런 소재와 풍경들을 클로즈업시켜 우리들의 의식 가운데에 선명하게 펼쳐놓는 것이다.

정월에는 친구여, 쥐불을 놓자
벼멸구 이화명충 온갖 잡놈 다 태우고
한 겨울 눈 속에서
오히려 물오른 청솔가지로
훠이훠이 불을 사르자

등잔불 아래 어머니의 눈물도
주정꾼들의 역겨운 방가(放歌)도
아, 세상을 칠흑 속에 숨었고
다만 타오르는 우주가 있을 뿐.

쥐불로 타는 내음 향그러워
쥐불로 타는 벌판 황홀해
우리는 폭군이 되었지
여봐라, 불붙여라 불태워라

쩌렁쩌렁 호령으로 밤을 휘어잡고
우린 춤을 추었지
공명도 위선도, 설움도 숨은 밤
무우밥 감자밥 끼니 걱정
겨우내 모질던 동장군도 일 없다.

훠이 훠이
논두렁 밭두렁 도둑놈의 갈구리
가시덤불 왁새풀 모두 태우자
밤이 깊을수록 불로 익어 타는 가슴
키(箕) 쓰고 소금 받으러 간대도 우린 몰라
그날 밤, 불티되어 마냥 하늘로 올라도 보았네

쥐불로 타는 벌판은 황홀해.

- 주세훈의 '쥐불' 전문

주세훈의 시 '쥐불'은 주세훈의 또 다른 모습을 보여주기에 충분하다. 어릴 적 쥐불놀이의 기억으로써 우리들 내면에 잠재하여 있는 의식에 불을 댕기고 있는 것이다.

시인의 사명은 시대를 앞서가며 시대를 꿰뚫고 시대를 예언하며 시대를 바로잡는 것이다. 성서에 나오는 이사야(Isaiah, 기원전 8세기경 유대 나라의 선지자), 에레미아(Ieremiah, 기원전 626년경, 유대왕국 최후의 예언자. 여호와에 대한 백성의 불신과 사회의 부정부패를 책하였음)가 그런 시인이었고 호세아(Hosea, 기원전 8세기경, 이스라엘의 선지자), 아모스(Amos, 기원전 8세기경 유대 선지자, 본시 농사를 짓는 사람이었는데 하늘의 계시를 받고 하느님의 심판을 부르짖음), 다윗(David rheo, 기원전 1010-971, 이스라엘 2대 왕, 예언자 목동이었으나 시와 음악에 능통하여 사울왕의 신임을 얻어 왕이 되었음), 솔로몬(Solomon, 기원전 971-932, 이스라엘 유대국 제3대 왕, 다윗왕의 아들, 그가 누린 영화와 그의 지혜가 유명함) 등이 모두 그러한 역사적 사명에 부응한 사람들이었다.

또한 이탈리아의 단테(Dante, 1265-1321, 피렌체 사람으로 9살에 베아뜨리체를 만나 죽을 때까지 마음으로 사랑하였는데 그의 시 '신곡'에서 지옥과 연옥, 천국을 안내하는 역할을 함. 문예부흥기 최대의 시인으로 세계 4대 시성 중 한 사람)가 그러하고 영국의 존 밀턴(Jon Miton, 정치를 하다가 파멸하고 실명한 후 1667년 유명한 실락원〈失樂園〉을 썼음), 철학적 공상적 시를 발표한 영국의 워즈워드(Wordsworth William, 1870-1950), '기탄잘리' 등을 발표한 인도의 타골(Tagore Ravindranath, 1861-1941)이 또한 그런 사람이었으며 우리나라 역사에도 성삼문 등 사육신, 율곡, 유성룡, 이순신 같은 분들이 앞에서 열거한 사람들과 같이 민족의 앞날을 내다보고 민족을 이끌어간 위대한 선지자였으며 예언자였고 시인이었다.

시인의 사명은 독자들로 하여금 식물의 생장점과 같은 역할을 하는 존재이며 송곳의 첨단과 같이 날카롭게, 사회에 경종을 울려주는 존재이기도 하다. 때문에 시인이 죽은 나라는 나라도 죽은 나라이고 시인이 없는 사회는 사회도 죽은 사회가 된다. 오늘날 우리 사회가 혼돈과 좌절에서 벗어나지 못하는 이유는 민족을 이끌어가는 위대한 시인과 같은 인물이 없는 데에 까닭이 있는지도 모른다. 엄밀한 의미에서 시다운 시는 달이나 노래하고 꽃이나 읊조리는 시가 아니다. 시라는 장르는 인생에 보탬이 되고 민족과 역사에 유익함이 있을 때 비로소 시로서의 가치를 지니게 된다고 생각한다.

한편, 시는 간결한 언어구조로 이루어진다. 중언부언 여러 말이 필요하지 않는 것이 시이다. 또한 참시는 쓰이는 시가 아니라 시의 속에서 이루어지는 삶 자체가 시라고 할 수 있다.

시 속에 산다는 것은 음풍농월의 삶이 아니라 온 몸으로 역사와 사회에 부딪히고 생존의 의미를 찾아 저항하는 그야말로 피투성이의 삶을 의미한다. 시는 삶이기 때문에 오히려 해석이 필요 없고 읽으면서 알고 보면서 느껴지는 것이다. 시를 시신(時信)이라고도 하는 이유가 여기에 있다. 한참 읽어봐도 무슨 말인지 이해가 되지 않는 시, 우리의 삶에 아무런 도움도 보탬도 되지 않는 언어희롱, 그것은 바로 죽은 시요, 그런 시를 쓰는 사람은 죽은 시인이다.

주세훈의 「쥐불」은 그간의 잠잠한 감정과는 사뭇 다른 거친 호흡으로 읽을 수밖에 없다. 제목 '쥐불'은 50대 이상이라면 누구나 가지고 있는 어릴 적 향수의 매개체라는 것을 전제하지만 직설적으로 '정월에는 친구여, 쥐불을 놓자'라는 선동적 문구로 독자의 감정에 불을 붙이고 있으며 종국에 가서는 '벼멸구 이화명충 온갖 잡놈 다 태우자'고 결기를 드러낸다.

벼멸구, 이화명충을 말하다가 '온갖 잡놈 다 태우고'라며 외칠 때, 시인이 지목하고 있는 것은 '쥐불'도 아니고 '이화명충'이나 '벼멸구'가 아니라는 것을 독자는 쉽게 알아차린다. 우리 사회에 깊이 뿌리박고 있는 벼멸구 같은 노조들, 사기꾼 같은 정치꾼들, 위선적 시민단체들, 선동꾼 같은 언론들… 볏대 속 몰래 깊이 파고들어 온 몸을 말라죽게 하는 이화명충 같은 사기꾼들, 권력 지향적 판・검사, 언론인… 이들의 정수리부터 불을 사르자고 외침으로서 읽는 사람들의 호흡은 거칠어지기 시작하며 독자들의 감정의 전이에 있어서도 개인으로부터 전체로, 과거에서 현실로, 미래의 개명(開明)으로 확산된다. 쥐불로 타는 벌판은 바람의 숨결을 타고 거칠어지다가 드디어 하늘로 불타올라 벌판은 황홀해진다. 이미 그것은 논뚝의 작은 '쥐불'이 아니다. 큰 불이며 불의 향연이다. 쥐불로 논두렁 밭두렁을 태우던 어린 소년들은 이제 새로운 역사에 불을 붙이는 횃불을 든 용사다.

"여봐라, 불붙여라 불태워라 / 쩌렁쩌렁 호령으로 밤을 휘어잡고…"

이 행위의 주체인 '우리'는 춤을 추는 용사들, 그러나 결코 폭군이 아니다.

"공명도 위선도, 설움도 숨은 밤 / 무밥 감자밥, 끼니 걱정 / 겨우내 모질던 동장군도 일없다 / 훠이 훠이 / 논두렁 밭두렁 도둑놈의 갈구리 / 가시덤불 왁새풀 모두 태우자."

"밤이 깊어 불로 익어 타는 가슴"

주세훈은 이미 전에 발간한 시집『바람은 다시 돌아와 말을 한다』에서, 그리고 본 시집『풀잎을 스쳐온 바람』에서도 시제와 내용은 다양하지만 그 시상과 주제의식은 모두 연결되는 듯한 느낌을 주고 있다. 살펴보았더니 주세훈의 시는 모든 시들이 긴 여운을 가지고 있었으며 그 여운이 다음 시에까지 이어지고 있는 것이었다.

긴 여운을 지니고 있다는 것은 시의 음율성보다 내재하고 있는 내용의 진지함과 충격, 그리고 파장이 이 시에서 다음 시로, 또 그 다음의 시로 이어지고 있음을 말한다. 이런 면에서 볼 때, 주세훈의 시에서는 우리 시단의 보편적 아쉬움, 즉 짤막짤막한 단상(斷想)의 편린(片鱗) 같은 명멸성으로부터 과감히 탈피한, 지긋한 무게와 중후함을 만나게 된다. 바라건대 그가 더욱 노련의 경지에로 익어가면서 단테의「신곡」이나 밀턴의「실락원」, 타골의「영원한 바닷가」와 같은, 아니면 미국의 롱펠로우(Longfello, 1807-1882)와 에반제린(Evangeline)같이 예언의 시를 통하여, 시대와 시대를 가로지르고 가슴과 가슴을 잇는 원대한 구상으로, 더 나아가 우주의 이편과 저편마저 꿰뚫는 통찰력으로 후세의 인구(人口)에 회자(膾炙)되는 불후의 명작 한 편을 남길 수도 있지 않을까 기대하여 본다.

〈자료〉

보정고등학교 교지 '보정' 창간호(2011)에서

[특집 1] 주세훈 초대 교장선생님 퇴임

주세훈 교장선생님 탐구

- 교지 편집부(2011)

주세훈 교장선생님은 2005년 3월 1일 개교하여, 당시에는 시설이나 환경, 재학생 학력 수준이 열악하였던 인문계 고등학교인 보정고등학교 초대 교장선생님으로 부임, 6년간 밤 11시 이후에 퇴근하면서 뜨거운 교육애의 열정과 정성으로 학생들을 특별히 보살피며 창의적이고 독특한 교육 프로그램을 운영, 불과 개교 4년차에 비평준화 지역인 시내 인문계 고교 최상위 학력의 학교로 발전시켰으며 경기도 일반계 고교 400여 개 학교 중 순위 4위라는 놀라운 학력 수준의 명문고등학교를 이룩하였습니다.

그는 수준 높은 독서 포트폴리오제, 사설·칼럼 읽기와 요약하기, 탁월한 독서·논술 지도와 전교생 수준별 이동수업 등으로 공교육을 활성화시켰습니다. 이러하던 중, 지난 해 11월, 한국 사도대상위원회와 전국 경제인협회가 주관, 전국 시도에서 1명씩 선정한 제9회 2010 한국 사도대상 시상식에서 '2010 한국 사도대상'을 수상하였으며 장애학생 특수반 2개반을 운영하여 그들에게 꿈을 심어준 특별한 공로로 학부모들이 추천, 장애복지 추진 공로표창을 받기도 하였습니다.

학력 및 주요 경력

주세훈 교장선생님은 충남 태안군 안면도에서 출생하여 인천교육대학(현 경인교대), 한국 교원대학교 대학원(국어교육 전공, 석사)을 졸업함.

주요 근무처는 성남서고등학교(7년), 서현고등학교(8년), 토평고등학교(4년), 보정고등학교(6년) 등.

현대문학에 〈바다 추억〉, 〈그해 시월〉 등을 발표하면서 문단활동을 하였고 〈바람을 다시 돌아와 말을 한다, 1977〉, 〈고교 엘리뜨문학 全 15권, 공저〉, 〈베스트 논리논술 全 15권, 공저〉, 〈풀잎을 스쳐온 바람, 2019〉 등의 책을 내었으며 한국 문협, 국제 펜클럽 한국본부 회원으로 활동하고 있음.

상훈

홍조근정훈장(대한민국, 2011) / 한국 사도대상 수상(한

국사도대상위원회, 전국 경제인연합회, 2010) / 용인시장상(교육을 통한 지역사회 발전, 2010) / 용인시장상(장애학생교육 관련, 2008) / 교육공로상(한국교총, 2006) / 경기도 교육감상(학습지도우수교사, 1995) / 경기도교육감상(학력향상우수교사, 1990) / 문교부 장관상(모범교사, 1989)

교육 철학 및 교육관

"교장은 말로 하는 직업이 아니라고 생각합니다. 끊임없는 실천의 철학으로 국가와 사회에 대한 책임과 의무를 다하여야 하는, 희생과 봉사의 직업으로 생각합니다."

주세훈 교장선생님은 말이 아닌 실천과 수범으로 본교 재임기간 6개월을 혼신의 노력을 다하여 뛰어왔습니다. 다음은 교장선생님의 철학을 엿볼 수 있는, 학교 경영에 있어 대표적 우수 사례들입니다. <교지 편집부>

창의적 교육프로그램 운영, 전교생 학교 프로파일로 대학입시에 큰 도움

학생의 능력과 적성을 고려하지 못하는 획일적 교육과정에서 벗어나 학생 개인차를 존중하는 교육을 실행하는 것이 오늘날 교육과정의 생명입니다. 교장선생님은 재량활동과 특별활동의 운영에 있어 학교 실정에 맞는 창의적 교육과정을 설정하고 운영하였습니다.

일례로, 교장선생님은 창의적 재량활동 시간에 인문계 고등학교 학생들의 독서-논술을 위한 특별한 포트폴리오(본교에서 개발한 일종의 독서 기록장)를 운영하는 한편, 전 직원회의 시간 중에 전교생 독서의 시간을 운영하되 독서 시간의 특별한 매뉴얼(사설 · 칼럼 읽기와 요약하기, 독후감 기록장 작성 등)을 적용하고 있으며(전교생은 대학입시에서 스펙으로 활용), 이밖에 1일 1단어 한자 학습장제, 밤샘 독서의 날 운영, 독서 퀴즈대회, 개교기념 글짓기 대회, 독후감 발표대회, 논술 발표대회, 논술 특강반 운영, 오케스트라반 운영, 신입생 토플반 운영, 정선된 신입생 학습과제 부여 제도 등… 또한, 주 1회, 아침조회 시간에 원어민 영어 수필을 학생들이 교실 TV로 보면서 들으며 이미 유인물로 배포된 원문을 동시에 읽는 '아침 영어 수필의 시간' 등을 운영하고 있습니다.

책임 있는 학교 경영

기업의 흥망이 경영 전문가에 의해 좌우되는 것과 마찬가지로 학교는 학교 경영 전문가(교장)에 의해 좌우될 수 있습니다. 경영은 능률성과 생산성, 그리고 추진력이 생명입니다. 오늘날 학교장은 기업의 경영자와 다를 바 없다고 생각합니다. 이러한 정신으로 다음과 같이 책임 경영을 하였습니다.

- 언제나 새로운 시선으로 세상을 파악하여 가장 빠르게 변화하는 학교를 창출하도록 각종 최신 정보와 자료를 확보, 분석, 검토, 적용하였습니다.
- 교육은 교원의 열정 없이 이루어질 수 없습니다. 특히 학교장의 열정 여부는 학교 교육을 크게 좌우합니다. 주세훈 교장선생님은 학교 경영에 최대의 노력과 열정을 쏟아왔습니다.

이름 없는 신설교를 4년 만에 최고 명문으로

주세훈 교장선생님은 2005년, 당시 신설학교로서 학생의 학력 수준, 시설면이나 학교 선호도(비평준화 지역으로서)가 가장 낮으며 교육적 여건이 열악한 신설 보정고등학교에 부임하였습니다.

주세훈 교장선생님은 앞서 기술한 바와 같이 기업인과 같은 경영 마인드와 투철한 프로정신으로, 또한 7차 교육과정 기본 방향과 경기교육 지표를 실현하는 자세와 몸가짐으로 헌신하며 신설 보정고등학교를 키웠습니다.

현대의 직업인이 성공하기 위해서는 반드시 직업의식에 투철해야 하는데 이것은 곧 프로정신인 바, 이 정신이야말로 경쟁력 있는 교육의 구현을 위해 필요한, 오늘날 교장에게 필수적인 마인드요 철학이라 생각합니다.

주세훈 교장선생님은 본교에 부임한 이래, 학생들의 학력 향상을 위해 출퇴근 시간 관계없이(하루도 빠짐없이) 언제나 학생들과 함께하며 열정적으로 그들을 지도하였습니다. (일례로 교장의 퇴근 시간은 학생들 야간 자학자습이 끝난 후, 최후로 교문을 닫을 때, 즉 매일 밤 11시 30분이었음) 교장이 앞장서서 솔선수범하니 뜻있는 여러 선생님들도 함께 호응하였습니다.

본교의 이러한 모습은 점점 학생과 학부모, 나아가 지역사회 전체에 알려지게 되었고 본교의 '특별한 노력'에 대하여 많은 시민들이 찬사와 격려를 보내주게 되었습니다. 그 결과 3년 전만 해도 학력 수준이 가장 낮은 학교로서 기피하였던 본교가 개교 3년 반이 지날 무렵에는 시내 20개 고등학교 중 가장 선호하는 학교가 되었으며 2009학년도 신입생 모집에서 본교 고입 지원자 전체의 평균이 182점이나 되는 학력 최상위권 학교로 등극하게 되었습니다.

이것은 주세훈 교장선생님이 학교 CEO로서의 현대적 경영 마인드와 시대 변화에 부응하는 투철한 직업의식, 그리고 프로정신으로 신설학교 경영을 하였기 때문으로 생각합니다(표 참고). 짧은 기간 동안 급격히 신장된 본교의 고입지원 학력 추세를 보면 다음과 같습니다. 이 자료는 신설된 지 얼마 안 되는 본교의, 우수한 교육 프로그램 적용과 학생 교육에의 열정이 부각되면서 지역의 학력 우수생들에 대한 선호도가 대단히 높아지고 있음을 보여줍니다.

보정고등학교 신입생 학력 변화 추이
(주세훈 교장선생님 재임 기간, 신입생 내신성적 200점 만점)

고입 내신성적	2005학년도	2006학년도	2007학년도	2008학년도	2009학년도
180 이상	5명	9명	25명	85명	217명
170 이상	9명	32명	74명	324명	450명

* 2009학년도는 신입생 정원 430명(커트라인 173.5)

국가수준 학력평가, 경기도 일반계 고등학교 4강, 특목고 포함 10강으로

주세훈 교장선생님 임기 6년차 되던 2010년, 본교는 '국가수준 학업성취도 평가'에서 경기도 일반계 고등학교에서 4위의 성적을 거두었고 특목고를 포함한 전체 410개 고등학교 중에서 9위의 놀라운 성적을 거두었습니다. (당해년 12월 1일, 전국 주요 일간 신문에서 전국 고등학교 평가 결과를 일제히 발표함)

그간 본교는 전국 연합 학력고사 등 자료를 근거로 교명 앞에 '최고 명문'이라는 관형어를 붙여왔는데 일부에서 '과장'이라는 폄하의 소리도 없지 않았습니다.

그러나 전국 고등학교가 일제히, 엄격히 시행한, 국가가 공인하는 국가 수준 학력평가에서 이런 성적을 거둠으로써 명실공히 본교는 최고 명문고등학교로 부상(浮上)됨을 객관화할 수 있게 되었습니다. (조선일보, 동아일보 2010. 12. 1. 전국 고교 국가수준 학력평가 결과 기사 참고)

짧은 기간, 보정고 최우수 교육 인프라 확보

주세훈 교장선생님은 건물만 동그라니 지어진 보정고에 부임하여 여러 가지 난관을 극복하며 불과 2년 만에 강당과 제2식당을, 그리고 4~5년 안에 한국 고등학교 시설로는 최고 수준의 교육 인프라를 확보하였는데 그 주요 내용은 다음과 같습니다.

전교 교정 조경 및 공원화(2005) / 하늘공원 조성(2005) / 제1식당 완공(2005) / 부속 식당 완공(2005) / 음악실, 제1과학실 설치(2006) / 모둠학습실 설치(2006) / 홈베이스에 도서관 설치(2007) / 각 학년별 독서실 설치(2006~2007) / 강당 신축(2007~2008) / 어학실 설치(2009) / 제2식당 완공(2009) / 제3과학실 설치(2009) 외.

지역 사회와 협력 강화

학교는 학부모 및 지역 사회와 의사소통을 촉진하고 교육 활동에 대한 이해를 높이며 학부모의 요구를 파악, 학교 교육에 반영하여 학교와 지역사회가 신뢰를 바탕으로 한 생산적 관계를 유지해야 할 것입니다. 이를 위해 기흥지역 유관 기관장 단체인 용홍회와 수지지구 초중등장학협의회, 보정동 발전위원회 등 지역 사회와 협력 네트워크를 형성, 적극 참여하고 협조하여 왔으며 학교 시설을 지역 주민과 함께 사용하도록 하여 대형 음악회, 학생과 지역 주민이 함께 참여할 수 있는 강연회 등을 본교에 유치, 지역과의 협조 체제를 구축하여 왔습니다.

주세훈 교장 재임 중의 주요 수상 실적

본교는 주세훈 교장선생님의 재임 중 해마다 거르지 않고 교육부나 도교육청의 표창을 받아왔는데 그 내용은, 변화 혁신 장학지도 영역 경기도 교육감 표창(2005. 12. 12.) / 교육공로 한국 교원단체 연합회장상(2006. 5. 15.) / 교육과정 공모 우수학교 경기도 교육감 표창(2006. 6. 22.) / 통합교육활동 영역 경기도 교육감 표창(2006. 12. 15.) / 방과후학교활성화교육 경기도 교육감 표창(2007. 12. 21.) / 장애인 복지 증진 용인시장상(2008. 4. 14.) / 특수교육 활성화 경기도 교육감 표창(2008. 12. 20.) / 학생 발명품경진대회 용인교육청교육장 공로표창(2009. 4. 22.) / 공교육활성화 경기도교육감 표창(2009. 10. 27.) 등입니다.

교장선생님 재임기간 주요 행사

본교 대강당 '보정관' 준공식(2008)을 즈음하여 가을축제 '보정제'와 함께 보정관 준공식 기념으로 '도전 골든벨'을 유치(2008)하였습니다. 또한 금난새 필하모닉 오케스트라 연주회(2009) / 제2067 포병연대와 자매결연 / 명사 이

범씨 특강(2010) / 청소년 음악회(2010) 등을 본교에서 개최하도록 주선하여 본교생의 교육프로그램으로서 큰 보탬이 되도록 하였습니다. 〈끝〉